ローマ人の物語

22

危 機 と 克 服

［中］

塩 野 七 生 著

新 潮 文 庫

7783

目次

第五章　皇帝ヴェスパシアヌス　145

上巻目次

下巻目次

カバーの金貨について

つい最近の演説で、英国首相トニー・ブレアは、危機は好機でもある、と言った。二千年昔のローマ帝国のリーダーたちもそのように考えたかどうかは不明だが、結果としてならば、ネロ帝の死から始まった危機は、ローマ帝国にとっては好機になったのである。

もちろん、何もしないでいたのでは好機になるはずはなく、大胆な改革を断行したからこそ危機も好機に変わりえたのだが、ヴェスパシアヌス帝の登場がそれだった。ネロ帝とその後の内乱期の三皇帝までは、首都ローマに本籍があって、しかもローマ社会では第一階級になる、元老院階級の出身者で占められていたのである。ヴェスパシアヌスは、本国イタリア生れではあってもローマ生れではない。そのうえ、第二階級の「騎士階級《エクイタス》」に属した。既成の指導層ではもはや機能しないとわかったローマ帝国に、ローマ人の言い方では「新　人《ホモ・ノヴス》」、後世風に言い換えるならば「新しき血」が導入されたのである。これは、次の時代に、属州出身者にも帝位が開かれていくことにつながっていく。

二〇〇五年夏、ローマにて

塩野七生

ローマ人の物語

危機と克服

［中］

帝政初期皇帝一覧

皇　　帝	生年〜没年	在位期間
アウグストゥス	前63〜後14	前31〜後14
ティベリウス	前42〜後37	後14〜37
カリグラ	後12〜41	37〜41
クラウディウス	前10〜後54	41〜54
ネロ	後37〜68	54〜68
ガルバ	前３〜後69	68〜69
オトー	後32〜69	69
ヴィテリウス	15〜69	69
ヴェスパシアヌス	９〜79	69〜79
ティトゥス	40〜81	79〜81
ドミティアヌス	51〜96	81〜96
ネルヴァ	26〜98	96〜98
トライアヌス	53〜117	98〜117

＊特に紀元前・後の注記のないものはすべて紀元後

フラヴィウス朝略系図

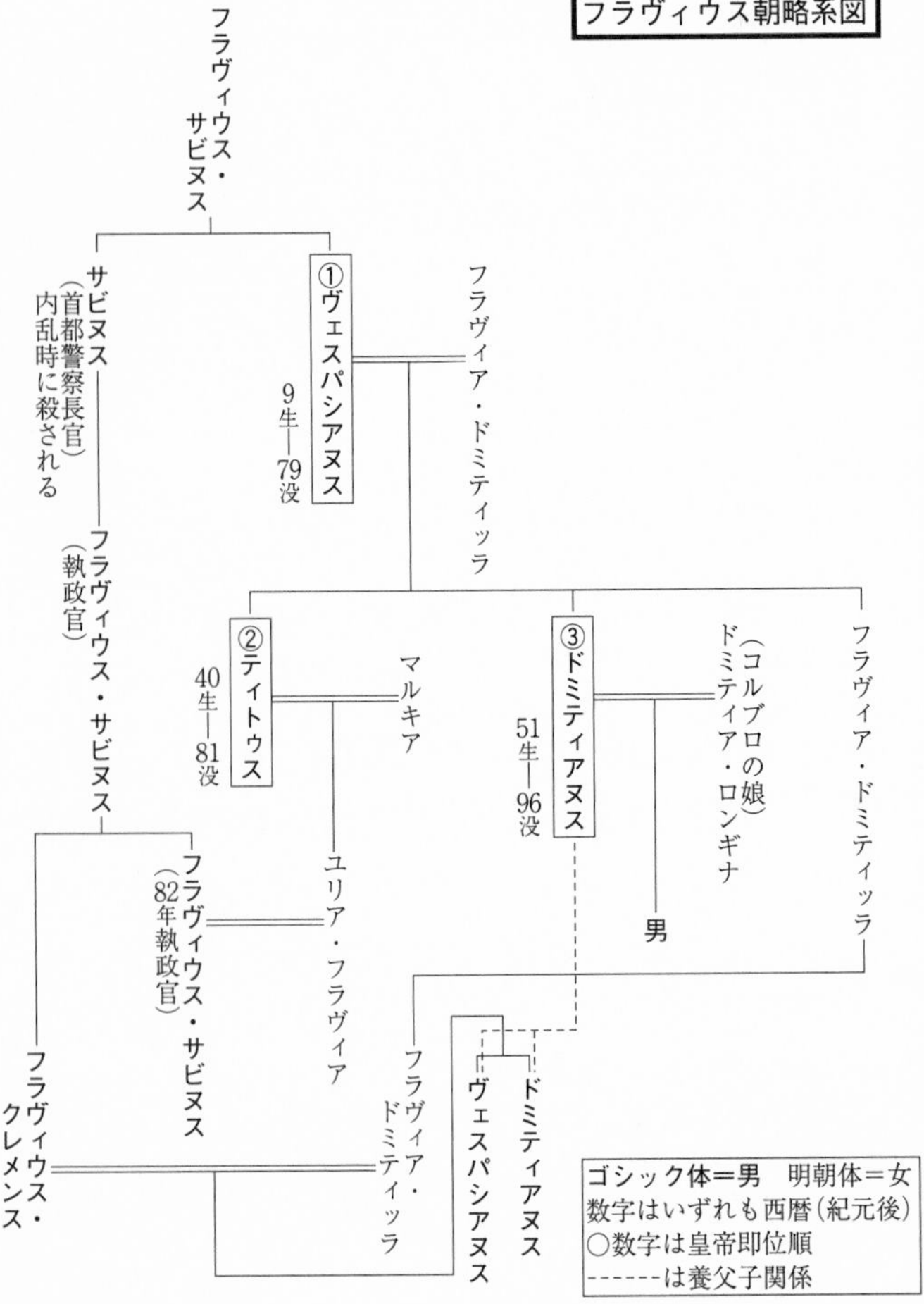

フラヴィウス・サビヌス
サビヌス（首都警察長官 内乱時に殺される）
①ヴェスパシアヌス 9生―79没
フラヴィア・ドミティッラ
フラヴィウス・サビヌス（執政官）
②ティトゥス 40生―81没
マルキア
③ドミティアヌス 51生―96没
ドミティア・ロンギナ（コルブロの娘）
フラヴィア・ドミティッラ
フラヴィウス・クレメンス
フラヴィウス・サビヌス（82年執政官）
ユリア・フラヴィア
男
フラヴィア・ドミティッラ
ヴェスパシアヌス
ドミティアヌス
ゴシック体＝男　明朝体＝女
数字はいずれも西暦（紀元後）
○数字は皇帝即位順
------は養父子関係

第四章　帝国の辺境では

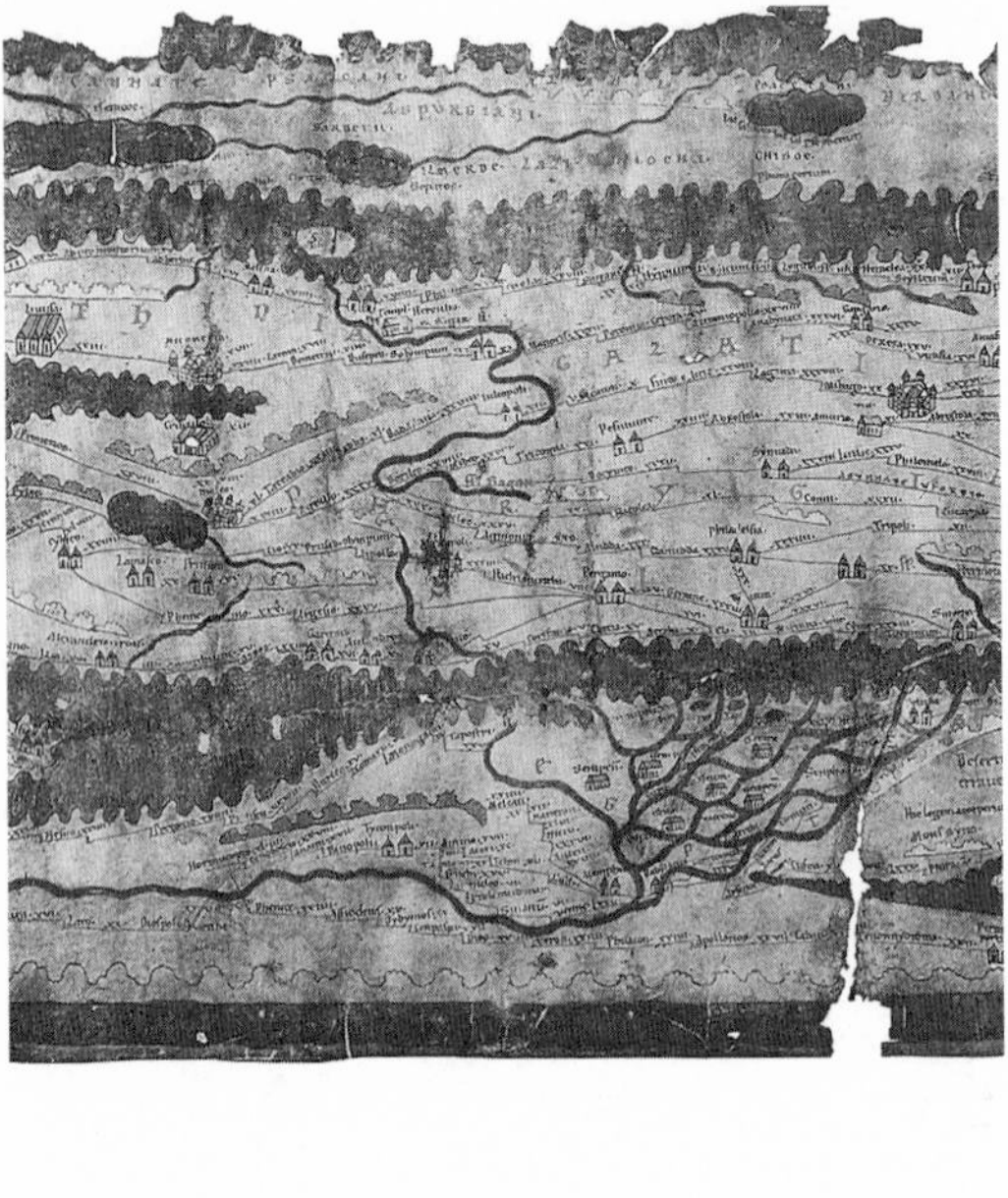

第V巻でカエサルとポンペイウスの間で闘われた内戦を執筆途中の私の頭を去来していた疑問の一つは、なぜあの時期を利用して属州民は蜂起《ほうき》しなかったのか、であった。両者ともが自分の許《もと》に軍勢を結集したので、それまでにローマ人によって征服された地方は、軍事的には空っぽの状態にあったのである。カエサルによるガリア制覇は、つい先頃完了したばかりだった。ポンペイウスが成し遂げた東方制覇も、たかだか十年余り前の話である。ローマ世界の西でも東でも、この両人に敗れた人々は健在だった。この人々にもしも自由と独立再復の気持があったのなら、ローマ人同士で闘っているあの時機こそ好機であったはずである。

それなのに、内戦がつづいていた三年半の間に、反ローマで起《た》った属州は一つとしてない。カエサルによってライン河の東に追い払われたゲルマン民族も音無しのかまえで、カエサルの出現以前には執拗《しつよう》にくり返していたライン河越えも、試みることさ

えもしなかったのである。

ローマ人同士が争ったということならば、カエサル暗殺直後からオクタヴィアヌス時代のアウグストゥスによる内戦終結までの十四年がある。だがこの十四年の大部分は、はじめはブルータスとカシウス対アントニウスとオクタヴィアヌス、次いではアントニウス対オクタヴィアヌスの言わば冷戦状態であって、熱戦を交わしたのはフィリッピの会戦とアクティウムの海戦の二度しかなく、この場合の比較の対象にはなりにくい。紀元六九年の内乱時と比較できるのは、百二十年昔のカエサル対ポンペイウスの抗争しかないのである。

一方、ネロの死で起こった紀元六九年の内乱は、わずか一年で解決した。だが、そのわずか一年の間に、皇帝ネロの決断のおかげで実に良好な関係を樹立するのに成功していた東方の防衛線を除けば、ローマ人同士が闘っているこの好機を利用して反ローマの行動に出た民族は多かったのである。

完全制覇がいまだ成就《じょうじゅ》していないブリタニアでは、反旗をひるがえした原住民の部族への対策に追われ、本国イタリアへの召集命令に応《こた》えることができたのは、駐屯の三個軍団のうちの一個軍団だけであった。

ドナウ河防衛線では、このときとばかりにドナウを渡ったダキア族がローマ領内になだれこみ、西方への行軍途中のムキアヌスが、残存の軍団兵とともに撃退に努めなければならなかったのである。

そして、ライン河防衛線では、ローマ軍では非主戦力とされている補助兵が主戦力の軍団兵を攻めるという、ローマの歴史はじまって以来の不祥事が起こっていたのだった。しかも、ゲルマン系のこれら補助兵たちは、ライン河東岸に住む同じゲルマン系の部族と呼応して行動を起こしただけでなく、ローマの属州民という立場ならば同じのガリア人にも呼びかけ、ガリア帝国を建設してローマの支配から独立しようとまで試みたのだから、問題は簡単ではなかったのだ。

なぜ、カエサルとポンペイウスが激突した三年間にはこの種の不祥事は起きなかったのに、三皇帝時代のこのわずか一年の間にはこれほども辺境が動揺したのであろうか。

それには、いくつかの理由があげられると思う。

第一に、ポンペイウスもカエサルも、反ローマ蜂起を指導できるほどの立場と力をもった属州の有力者ならば知らぬ者のない、ローマ世界では一、二を争う有名人であ

ったことである。反対にガルバもオトーもヴィテリウスも、帝国規模の知名度は極めて低かった。名を知らなければ、行動を起こす場合に感ずる威圧感もない。

第二は、ポンペイウスとカエサルは、前者は地中海の海賊一掃と東方の制覇で、後者はガリア征服と対ゲルマン民族への勝利で、圧倒的な戦績を誇る人物であったという一事である。この二人は、属州の有力者たちやローマの防衛線の外側に住む人々にとっては、自分たちが完敗を喫した当の人なのであった。

反対に三人の皇帝は、この点では比較にならないほどに劣る。ガルバにもオトーにもヴィテリウスにも、属州総督の経験はあっても勝戦の経験はない。属州民や辺境の部族にとっては、自分たちが全力をふるって闘ったにかかわらず敗れた相手ではなかったのだ。ヴェスパシアヌスとてこの点では同類だが、それだからこそユダヤ戦役を成功裡《り》に終らせることが、ヴェスパシアヌスにとっては最重要事であったのだった。

理由の第三は、戦場がどこであったか、に求められるのではないかと思う。

カエサルとポンペイウスの抗争当時の戦場は、イタリア、スペイン、ギリシア、エジプト、北アフリカ、そして最後に再びスペインと、戦場はローマ世界全域を網羅している。反対に紀元六九年時では、戦場は北イタリア、それも二度とも半径二、三十キロの同じ場所で闘われたのである。首都ローマも戦場であったと考えたにしても、

本国イタリアから一歩も出ていない。広大なローマ帝国の辺境に住む人々にしてみれば、帝国の中央とはいえ遠いイタリアで闘われた戦闘にすぎなかったのである。

要するに前者のケースは、アフリカの大草原全域を舞台にしてくり広げられる、巨象同士の激闘としてもよい。ひときわ巨大な雄の象に率いられた象の大群が、大草原も狭しとばかりに地響きを立てて正面から激突したのと同じ感じだ。これでは、ライオンでさえも怖《おそ》れをなして、草原の端から見守るしかなかったであろう。下手に草原内に足を踏み入れようものなら、縦横に疾駆する象の群れに踏み殺されかねないのだから。百獣の王ライオンでさえもこれでは、常には群を頼んでライオンにさえも立ち向う執拗なハイエナでも、息を殺して結果を待つことしかできない。

反対に紀元六九年時は、大草原の中央の一ヵ所で、ライオンの雄同士が雌の所有をめぐって争っているようなものだった。他の動物たちが動くことさえできないようなインパクトを、与えるたぐいの激闘ではなかったのである。当り前だ。紀元前一世紀の内戦は、これまでのように元老院主導の共和政体で行くか、それとも、ローマにとっては新政体である帝政を選ぶかという、国家の形体をめぐっての抗争であったからだ。それに比べれば紀元後一世紀の内戦は、選択後百年が過ぎた帝政の、トップに誰

がなるかの問題にすぎなかった。戦場から遠く離れた大草原の周辺では、個々別々の勝手な行動ができたということである。

タキトゥスが、ヴィテリウスの死によって戦争状態は終ったが、それがイコール平和の再復を意味したわけではない、と書いたのは正しい。ライオン同士の勝負はついたが、大草原の他の場所では無秩序状態がつづいていたのだから。それをもとの状態にもどすのは、新皇帝ヴェスパシアヌスとその右腕ムキアヌスの仕事になったのである。

属州兵の反乱

現代のわれわれがオランダと聴いてまず思い浮べるのは、色とりどりに咲き誇るチューリップであり、海面より低い場所を大変な努力の末に人間の住める土地に変えた刻苦勉励の民としてである。だがオランダ人は、サッカーのワールドカップでも圧倒的なパワーを示して世界中を驚嘆させる民族でもある。人種の混合には寛容な国ゆえ現代では黒人のオランダ人も少なくないが、古代ローマ時代の〝オランダ人〟を想像したければ、丈高く岩乗《がんじょう》な体格で色白のオランダ人で成るサッカーチームを思い起こせば充分だ。ローマ時代ではこのオランダ人の先祖は、バタヴィ族と呼ばれていた。

ライン河の河口近くを居住地域にしていたゲルマン系のこの部族は、ローマの属州民ではない。属州民ではないから、属州税を払う義務をもたない。だがローマ人は、ケース・バイ・ケースの達人でもある。属州にしてローマ領内に加えることはしなかったが、同盟関係は結んでいた。バタヴィ族はローマに兵力を提供する代わりに、ローマはバタヴィ族の独立を尊重し、周辺の他の部族から襲撃を受けた場合は撃退に力を貸すとした協約だ。この関係は、ライン河を北の防衛線と考えた最初の人である、ユリウス・カエサルからはじまっていた。

カエサルがライン河を防衛線にする考えであったことは、次のいくつかの史実からも充分に推測可能である。

第一に、彼のガリア制覇時にはすでにライン河の西に住みついていたゲルマン人には、そのままその地での居住を認めたこと。後に低地ゲルマニアと高地ゲルマニアの二属州に分れるライン河の西岸一帯は、つまり現代で言えばオランダの南部にドイツの西部、ベルギーの東部は、カエサル以前にライン河を越えて西方のガリアに移り住んだ、ゲルマン人の居住地帯であったということだ。言い換えれば、この地方の住人

は、同じくガリア人と呼ばれても後代のフランス居住のガリア人とはちがい、ゲルマン系のガリア人であったということである。

第二にカエサルは、ライン河東方に住んでいながらローマとは常に友好な関係にあったゲルマン系のウビィ族に、ライン河の西岸への移住をすすめ、この人々の根拠地として、後代のケルンを与えている。ライン河というローマ世界防衛線の、強化策以外の何ものでもなかった。

そしてカエサルは、他のガリア人に与えたと同様に、これらゲルマン系のガリア人にも自らの家門名である「ユリウス」を与えることで、彼らとの間にも「クリエンテス」(英語ならばクライアント)関係を結んだのである。現代風に考えれば、本家と分家の間柄か、親分子分の関係か、後援会システムのようなものである。つまり、征服者と被征服者の運命共同体の創設だ。その証拠にカエサルは、これらの諸部族の有力者たちにはローマ市民権を与えている。ローマ市民権は世襲権であったから、この人々は子孫代々までローマ市民になったということだった。

しかもカエサルはこのやり方を、ローマの覇権下に入ったガリア人やゲルマン系のガリア人以外の民にも適用した。ローマの覇権のおよばない地帯であるライン河東方に住む部族に対しての、懐柔策であったことは明らかだ。その結果、ライン河口の北

部、現代ならばアムステルダム周辺一帯に住んでいたバタヴィ族の部族長とその親族もローマ市民になり、「ユリウス」を家門名にするようになったのである。

このやり方が実施に移された当初、キケロも小カトーもブルータスも、自己勢力の拡大を狙《ねら》っての策だとカエサルを非難したが、いかにも近視眼的な判断と言うしかない。カエサルが自分の家門名を与えたのは、それがあの情況下では最も手っとり早い方策であったからにすぎない。その証拠に、カエサルが死にその彼の系統を伝えるユリウス・クラウディウス朝が崩壊した後でも、「ユリウス」たちとローマとの運命共同体的な関係はつづいていくのである。カエサルは、この人々と自分との「クリエンテス」関係が、この人々の子孫とローマ帝国の「クリエンテス」関係に継承されていくのを見透していたのだ。このような策こそ、百年の計と言うのではないだろうか。実際は百年どころか、少なくとも四百年はつづいたのだったが。

話をバタヴィ族にもどせば、ローマとの友好関係を結んだときの彼らの側の義務であった兵力提供のほうだが、それは、ローマ軍の主戦力である軍団兵《レジョナリス》を補助するのが任務の「補助兵《アウジリアリス》」として、ローマ人の指揮下で兵役を務めることであった。兵力を提供させることは、兵士の確保のみを意味していない。雇用の確保の意味もあった。

生活が安定すれば、人間は保守的になる。保守的になれば、反ローマに起《た》つなどという過激な行為に訴える可能性も減少するのだった。

この補助兵の活用制度は、アウグストゥス帝による軍制確立後はローマ軍の正式な一部になって定着した。兵役期間も二十五年と明確で、満期除隊時にはローマ市民権が与えられたから、バタヴィ族にもローマ市民が激増したことだろう。だが、「ユリウス」を名乗る権利は、部族長クラスに限られていた。第三代のカリグラ帝までは、ローマ皇帝もユリウス一門の男たちである。皇帝と同じ家門名《ノーメン》を名乗るのは、同じ部族に属す他の男たちとの差別を示す、特権としての効用もあったにちがいない。

右の一事でも示されるように、カエサルは何ごとも合理性に基づいて行う人であった。「ユリウス」を与えたのも、その目的は差を明らかにするための特権だけを意味していない。有効と考えたからである。なぜなら、属州民かローマの同盟国民で構成される補助部隊は、同じ地方か同じ部族の出身者たちで隊を組む。この部隊を率いる指揮官には、兵士たちの属す部族の族長クラスが就任するのが通例であった。ローマ市民のみで編成される軍団の指揮官の登用には実力主義が徹底していた紀元後一世紀になっても、補助部隊の長にはまず権威が先行したというのも興味深い。合理的思考と文明度は、比例の関係にあるのかもしれない。

それはともかくとしても、紀元六九年当時のバタヴィ部隊の八千兵を統率していた指揮官の名は、ユリウス・キヴィリス。もちろんのこと、ローマ市民権の所有者である。そしてこの「ユリウス」が、本国イタリアでローマ人同士が闘っているスキを突いて、ライン下流一帯で反ローマの火の手をあげたのである。

結局は一年も経ないうちに解決してしまうこの事件を述べる前に、一つだけ断わっておきたい。それは、これよりはじめる叙述中で私は、この事件の登場人物たちの家門名《ノーメン》までも執拗《しつよう》にくり返すであろうことだ。いつもならば煩雑《はんざつ》さを避けるために、個人名《プレノーメン》、家門名《ノーメン》、家名《コニョーメン》の三つともを書くのは極力避け、ユリウス・カエサルの場合でもカエサルという家名を書くに留めるのだが、この場合には別の目的がある。ユリウス・キヴィリス、ユリウス・クラシクスと、家門名と家名の二つとも執拗に書きつづけるのは、この人々が、百二十年昔にユリウス・カエサルから家門名を与えられた人々の子孫であることを感じとってほしいからである。だが、読み進んでいくうちに思うだろう。なんだ、反乱を起こした者は全員、カエサルが蒔《ま》いた種の果実ではないか、と。

まったく、そのとおりなのである。あきれるくらいに、「ユリウス」ばかりなのだ。

しかし、この感想につづいて次のように考えたとすれば、それは誤りである。ならば、カエサルの被征服民同化策は、たとえ『列伝』の著者のプルタルコスが賞《ほ》めようと、政策としてならば失敗したことになる、と。

なぜ誤りかというと、「ユリウス」を家門名にもつ非ローマ人は、このときの反乱の首謀者ばかりではなかったからである。属州兵の反乱からはじまってガリア帝国の建設まで試みたユリウス・キヴィリスの考えが実を結ばなかったのは、ガリアの他の「ユリウス」たちが賛同しなかったからなのだ。そして、この事件の関係者以外にも多くの「ユリウス」が存在し、その人々の帝国への貢献度は、数人の名をあげるだけでも明らかである。

ヴェスパシアヌスに積極的に協力していたユダヤ人のエジプト長官の名は、ユリウス・アレクサンドロス。この時期の彼は、ティトゥスを助けてイェルサレム攻囲戦を闘っていた。

後世にまで伝えられる水道研究書の著者で、紀元六九年当時は首都ローマ担当の法務官であった人の名は、ユリウス・フロンティヌス。元老院会議の召集権は、執政官以外には法務官にしかない。ヴェスパシアヌスと息子ティトゥスの二人を執政官にすることで秩序再復のスタートを切ろうとしていたムキアヌスも、法務官フロンティヌ

スの協力なしには、その考えを現実化することはできなかったのである。

そして最後は、歴史家タキトゥスの岳父でブリタニアの完全制覇の実施者になるユリウス・アグリコラである。

この数例だけでも明らかなように、百二十年前にカエサルが蒔いた種は、堂々たる大木に成長していたのである。ただし、何であれそれを行うにはリスクが伴わずにはすまない。そして、幾例かのリスクがあったとしても、それでその政略が誤っていたということにはならないのである。その証拠に、このカエサルによる敗者同化政略を、ローマの皇帝たちは誰も改めようとはしなかった。属州兵の反乱の解決後に帝国の再建に取り組むことになる皇帝ヴェスパシアヌスも、これにはまったくふれていない。カエサル的考え方の有効さに、疑いをもった統治責任者はいなかったということである。だから、「ユリウス」が出てくるたびに、この人もか、と笑い出す程度のリスクであったのが、真相ではなかったかと思う。

しかし、この事件で露《あらわ》になった「ユリウス」以外の問題は、後代の歴史家モムゼンが、かつてなかった不祥事、と断罪するほどに深刻であったのだ。それは、内乱による害毒がいかに他の方面にも波及せざるをえないかを、考えさせずにはおかない問題だったからである。

ユリウス・キヴィリス

バタヴィ族のリーダーだったユリウス・キヴィリスが、紀元六九年当時は何歳であったかはわかっていない。ネロ帝時代の六二年にブリタニア制覇を進めていたパウリヌス配下で、バタヴィ部隊を率いて参戦していたというのが、この人物が史料に登場する最初になる。いかに「ユリウス」の家門名をもつ身でも若輩に八個大隊八千兵の指揮をまかせた例はないから、少なくとも四十歳には達していたにちがいない。となれば、紀元六九年当時は四十代の後半であったことになる。また、ローマ軍内での軍務経験ならば六二年以前に遡《さかのぼ》るにちがいなく、おそらくこのバタヴィ人は、一兵卒ならば満期除隊になる四分の一世紀もの人生を、ローマ軍の中で過ごしたのではないか。

ローマ軍では、作戦会議に補助部隊の指揮官も同席させるのが常であった。頭脳と意欲さえあれば、ローマ軍のすべて、長所も短所もすべてを知るのは容易だ。実際、ユリウス・キヴィリスはそれらを熟知し、利用したのである。

ローマ軍ではまた、ときに起こる遠征を除けば、補助部隊の駐屯地はその部隊所属

の兵士たちの出身地の近くというのも、この当時までは通例になっていた。それゆえにライン河の河口一帯が出身地のバタヴィ部隊の駐屯地も、「低地ゲルマニア」と呼ばれた、ボンから下流のライン河沿いであったはずである。ヴィテリウスは、皇帝に名乗りをあげる前は、低地ゲルマニア担当の司令官であった。そして、皇帝に名乗りをあげたヴィテリウスの意を受けて本国イタリアに攻めこむ軍勢を指揮していたカエキーナとヴァレンスの二人ともが、低地ゲルマニア軍所属の軍団長であったのだ。

ユリウス・キヴィリス自身が、第一次ベドリアクム戦に参戦していたという確かな証拠はない。だが、あのときの混戦は、主戦力とされる軍団兵も非主戦力の補助兵も入り乱れて闘ったところに特色があった。両軍ともに、総指揮をとった人の力不足の結果である。そしてあのときの戦闘が、補助兵たちに、軍団兵怖《おそ》るるに足らずと思わせるという副産物も産んだのである。ユリウス・キヴィリス率いるバタヴィ部隊の反乱は、四月十五日に行われた第一次ベドリアクム戦の結果が、戦勝後に駐屯地への帰還を命じられた補助兵たちとともにライン沿岸にもたらされた、夏に起こったのである。

なぜユリウス・キヴィリスは、反ローマに起《た》つという大事を企てる気になったので

あろうか。歴史家タキトゥスは、ヴェスパシアヌス側がアントニウス・プリムスを通して、ヴィテリウス支持の「ライン軍団」の残存部隊がイタリアに南下できないように、ライン沿いの基地に釘《くぎ》づけにするよう依頼したからだという説をとっている。タキトゥス著の『同時代史』に立脚する後世の研究者たちの大半も、この説に賛成している。

だが私には、どうしても納得いかないのだ。なぜなら、属州兵の反乱がヴェスパシアヌスが糸を引いたことから起こったという一事が露見しようものなら、皇帝になろうとしているヴェスパシアヌスにとっては致命的な打撃になるからである。ヴェスパシアヌスは、既成の支配層には属していない「新人《ホモ・ノヴス》」である。その新参者が、ローマ市民である軍団兵を傷《いた》めつける役を非ローマ市民の属州兵にさせたとわかれば、元老院も一般の市民も激昂《げきこう》するだろう。目的のためには手段は選ばず、とは、マキアヴェッリでも言っていない。マキアヴェッリは、目的のためには有効ならば手段を選ぶ必要はない、と説いたのである。属州兵を反ローマに起たせるなど、手段としても絶対に有効ではなかった。そのようなことを、冷徹なムキアヌスが命ずるはずはない。

とはいえ、アントニウス・プリムスは、元気はよくても浅慮の男ではあったから、もしかしたらこの男が、ヴェスパシアヌスやムキアヌスに命じられたわけでもないの

に、一存でユリウス・キヴィリスに連絡したのかもしれない。いずれにしても、一年の間に皇帝が入れ代わり立ち代わり現れては消えたこの混乱を、活用したのはバタヴィ人のほうであった。本心は反ローマにあったユリウス・キヴィリスは、ヴィテリウス派の兵士たちの守るライン沿岸の基地を攻めるのに、ヴェスパシアヌス派であることを旗印にかかげたからである。

ゲルマン民族にとって、昼なお暗い森こそが彼らの母胎なのである。反ローマに起つと決めたユリウス・キヴィリスも、決起の会合の地には森を選んだ。

宴会と偽って招いたバタヴィ族の有力者たちを前に、ユリウス・キヴィリスは演説した。ゲルマン民族の魂《スピリット》の力強さを説き、今こそローマの支配から脱する好機だと説いたのである。精鋭がイタリアに行っている間の基地を守る軍団兵たちは老兵か病人にすぎなく、それなのに基地内は分捕るに値する物で満ちている。ライン河防衛線を守る諸軍団の栄光も昔のことで、今ではそれも軍団の名称として残るだけなのだから、ローマ軍団とて怖れることはないのだと説いたのだ。

ユリウス・キヴィリスは、弁論の才もなかなかのものであったようである。「今ではそれも軍団の名称に残るだけ」という一句を解説すれば次のようになる。

ローマの軍団は、第一軍団第二軍団というように数字で呼ばれていただけではない。第一××軍団、というのが正式の名称だった。××のところに来る名称は、大別して三つに分けられる。

第一の種類は、軍団を編成した人の名をとった場合。第二アウグスタ軍団（ブリタニア駐屯）、第八アウグスタ軍団（モエシア駐屯）は、初代皇帝アウグストゥスの名をもらっている。第七クラウディア軍団（モエシア駐屯）、第十一クラウディア軍団（ダルマティア駐屯）は、第四代皇帝クラウディウスの編成。

種類の第二は、志願者をつのった地方の名を冠したケースである。第一ゲルマニカ軍団（低地ゲルマニア駐屯）、第十六ガリア軍団（低地ゲルマニア駐屯）、第四マケドニカ軍団（高地ゲルマニア駐屯）、第九ヒスパナ軍団（ブリタニア駐屯）は、いずれもガリア東部、ガリア西部、ギリシア北部、そしてスペインが、軍団編成の地であったことを表わしている。

第五アラウデ軍団は、ポンペイウスとの対決当時のカエサルが南仏のガリア人を集めて編成した軍団で、アラウデとは、南仏に多いひばりのこと。

第三の種類は、どういう理由によるのか不明だが、やたらと勢いのよい名を冠した

軍団である。ユリウス・キヴィリスが例としてあげたのは、この第三種に入る軍団であった。

第三ラパックス軍団(高地ゲルマニア駐屯)。これを訳せば、第三獰猛《どうもう》軍団となる。第十三フルミナータ軍団(シリア駐屯)は、第十三雷光軍団の意味。

第十五プリミゲナ軍団(低地ゲルマニア駐屯)と第二十二プリミゲナ軍団(高地ゲルマニア駐屯)を意訳するなら、第十五、第二十二無敵軍団とするしかない。

これらの軍団に属す軍団兵にとっては気分も高揚する名称であったろうが、ユリウス・キヴィリスに指摘されなくても、第三者から見れば微笑をもらさずにはいられない軍団名であったことも確かである。

バタヴィ族のリーダーは、部族の有力者たちに向ってつづけた。

われわれ補助兵《アウジリアリス》はもはや、ローマ軍団兵《レジョナリス》に対しても歩兵騎兵力ともに劣っていない。われわれが反ローマに起てば、ライン河の東方に住むゲルマンの諸部族がまずつづくのは眼に見えている。ラインの西岸に住むガリア人も、同じゲルマン民族ゆえに同調するだろう。そして、この反ローマの決起の波は、ガリア全域にも広まっていくのだ。それには、ローマ人同士が争っている今が好機である。ヴィテリウス支持の

「ライン軍団」の基地を攻撃しても、ヴェスパシアヌス派の諸軍団は救援に駆けつけないであろうし、またその余裕もない、と説いたのであった。

説得は成功した。バタヴィ族の有力者たちは全員、胸をたたいて賛同の意を表した。だが、ユリウス・キヴィリスは、これですぐ行動を起こしたのではない。まず、ライン河口が居住地帯のバタヴィ族の西隣りに住むカニファティ族に秘《ひそ》かに呼びかけたのだ。この部族は使う言葉も習俗もバタヴィ族と同じだが、部族員の数では劣る分家のような関係にある。カニファティ族からも、賛同の返事がもどってきた。次いでキヴィリスは、今度はより北に住むフリジィ族にも呼びかけた。彼らからも、期待したとおりの返事がもどってくる。こうしてユリウス・キヴィリスは、ライン河の河口の周辺一帯に住む部族間の共闘戦線樹立に成功した。

これが成るやキヴィリスは、第一次ベドリアクム戦を闘った後で高地ゲルマニアの主要基地マインツにもどっていた、補助部隊にも秘かな使いを送る。この抱きこみにも成功した証拠に、この補助部隊は、ヴェスパシアヌス派を旗印にかかげた「ドナウ軍団」の接近を知った皇帝ヴィテリウスからのイタリア南下命令に従わず、反対に北上してキヴィリスと合流することになるのである。

ここまで味方を確保した段階で、ユリウス・キヴィリスは反ローマの火の手をあげた。ライン河口の最前線にある砦《とりで》を守っていた、守備隊を襲撃したのである。ローマ軍では、最前線の基地には部隊長とその他数人の他は軍団兵を配置していない。最前線基地の勤務兵の大半は、属州兵であるのが通例だ。守りきれないと判断した隊長は放棄を選んだので、反ローマの緒戦は、キヴィリスの不戦勝で終ったのである。その後で攻めたいくつかの砦も、これらは属州兵だけが守っていたので簡単に手中にした。

ユリウス・キヴィリスは、両手をあげて砦から出てきた属州兵に対する処置でも巧妙だった。自分に従って反ローマに起てなどとは、一言も言わなかった。もともとからして、ヴェスパシアヌス派を名乗っているのだ。降伏した兵たちに対しても、自分の指揮下に入って闘うか、それとも故郷にもどるかは自由だ、と言ったのである。属州出身の兵卒の多くは、故郷では食べていけないからローマ軍の補助兵に志願した人々である。彼らにしてみれば、ヴェスパシアヌス派を名乗るキヴィリスはローマ軍の一将に見えたにちがいない。バタヴィ補助部隊を率いるキヴィリスの指揮下に入っても、この段階では寝返りにも思えなかったろう。

ユリウス・キヴィリスは、反乱の進め方でも巧妙だった。火の手をあげたのも、ロ

ーマ帝国の最北部。少しずつ広がる火勢の行手も、ライン下流部の低地ゲルマニア属州をおおう方向にもっていったからである。本国イタリアから鎮圧軍が派遣されるにしても、行軍だけに二ヵ月は充分にかかる距離だった。

ゲルマン系部族居住地域

緒戦での成功を手にしたキヴィリスの誘いの手は、ライン河を中にして東と西の双方に伸びていった。東方に伸びた手は、ブルクテリ族、テンクテリ族をからめ取る。この両部族は、ローマとは友好関係にないゲルマンの蛮族だ。そして、西方に伸ばした手の行先は、ネルヴィ族とトゥングリ族だった。両部族ともライン河の西方に住み、カエサルに征服されて以来ローマの属州民になっている、ゲルマン系とはいえガリア人である。この両部族にも、補助兵としてローマの軍役を務めている男たちは多い。低地ゲルマニアのローマ軍もさすがにこの頃にはキヴィリスに対抗する軍勢を進めることになったのだが、キヴィリスの誘いの手がこの二部族に伸びているのまでは知らなかった。それで、キヴィリス鎮圧に向う軍に、この二部族出身者からなる補助部隊を連れて行ったのだ。

戦場では、冗談ではないかと思う事態が発生した。ローマ軍の左翼と右翼に配置されていたこの二部族の隊が、戦闘開始の命令が出ても動かなかったのである。いや、動かなかったのははじめのうちで、その後では動いたのだが、隊ごとキヴィリスのほうに行ってしまったのだった。その後に起こった情景は、戦闘ではなくて惨劇だった。その場にいたローマ人は、軍団兵、百人隊長、大隊長の別なく、皆殺しにされた。

勢いに乗ったキヴィリスは、同じやり方を使ってライン河を守る艦隊まで手中にした。船乗りや漕《こ》ぎ手は属州民であったから、ローマ市民である艦長クラスを殺せばことは簡単であったのだ。ライン河艦隊を手中にすることは、戦術上でも大変な有利を意味した。ローマの軍団基地はいずれも、ライン河に沿って建設されている。それを攻めるのに、陸と河の双方から攻撃可能になったからである。

攻めこまれるローマ兵

ライン両岸のゲルマンの諸部族を率いるまでに増強されたユリウス・キヴィリスの反乱軍は、ここにきてはじめてローマの軍団基地への正面攻撃に打って出る。「カストラ・ヴェテラ」（ヴェテラ軍団宿営地）と呼ばれていた、ヴェテラ（現クサンテン）の基地への攻撃だ。軍団基地が数珠《じゅず》つなぎに並ぶライン河防衛線では最北に位置し、第五ひばり《アラウデ》軍団と第十五無敵《プリミゲナ》軍団の駐屯地でもあった。ただし、紀元六九年秋のこの時点では、二個軍団の精鋭はヴィテリウスに従って本国イタリアに行っており、残存兵力は五千を割っていたらしい。ローマ軍の補助部隊の隊旗をかかげたキヴィリス軍は、ここを包囲したのである。そして、ユリウス・キヴィリスは基地内に使いを送

り、皇帝ヴェスパシアヌスへの忠誠を誓うよう求めた。

クサンテンの基地に残る軍団兵にしてみれば、皇帝ヴィテリウス支持のためにイタリアに行っている同輩をよそに、別の人物を支持するなどは論外である。当然ながら、返ってきた答えは拒否。ユリウス・キヴィリス指揮による、正面のライン河に陸地三方を加えた四方からの包囲攻撃戦の火ぶたが切って落とされた。

低地ゲルマニアではじまった戦闘の知らせは、数日後には高地ゲルマニアの最重要基地であるマインツに届く。マインツ駐在の高地ゲルマニア軍の司令官フラックスは、低地ゲルマニアの司令官だったヴィテリウスがイタリアへ行って以後は、高地低地ともの防衛の最高責任者になっている。クサンテン基地の防衛は、彼の任務だった。

しかし、老齢で病身のこの人物は、配下の兵士たちがヴィテリウス支持を打ち出したからそれに乗ったというだけで、本心はヴェスパシアヌス支持であったらしい。そして、フラックス配下の軍団長クラスになると、圧倒的にヴェスパシアヌス支持のほうが多かった。高地ゲルマニア軍所属の三個軍団では、将官たちと一般兵士の間で想いがくいちがっていたのである。この時点ではまだ表面には出なかったにしろ、クサンテン救援の軍の編成は微妙に遅れた。

それでも、救援軍は編成されたのだ。マインツを冬営地にしている第四と第二十二軍団を北上させ、それにボンで第一軍団、ノイスで第十六軍団と、これらの基地に駐屯する軍団兵が合流し、計四個軍団で反乱軍に当ろうという戦略である。ただし、四個軍団といっても、定員の二万四千には達していなかった。正確な数は不明だが、イタリアでの内戦にとられている数を差し引く必要がある。およそにしても、この半数以下の戦力ではなかったかと思う。

救援軍の総指揮はフラックスがとるのが当然だが、彼はノイスまでは同行しても、実際の指揮は若いディリウス・ヴォクラに一任すると決まった。ヴォクラは、マインツ駐屯の第二十二無敵軍団の軍団長である。

だが、マインツからライン河沿いにクサンテンを目指す行軍は困難をきわめた。まず、兵糧《ひょうろう》確保が思ったようにはいかなかった。戦乱必至と見た農民たちは収穫物を隠してしまい、金を払うにせよその調達が容易ではなかったのである。それに、人間は空腹がつづくと怒りっぽくなる。将官クラスと一般兵士の間にあった気分上の溝が、はっきりと現われるようになったのだった。指揮官への不信を、兵士たちは軍規を無視することで示した。それでもヴォクラの苦労が実って、救援軍はクサンテンの基地から一日の行軍距離にまで接近することができた。ユリウス・キヴィリスのローマ軍

基地攻略の企ては、これではよほど困難になる。だがそこに、第二次ベドリアクム戦の結果が伝えられたのである。

十月二十五日に結果が出た第二次ベドリアクム戦でのヴィテリウス側の敗北の知らせがライン河の下流のクサンテンに届くのには、馬を乗り継いでの早馬方式で伝えたとしても一ヵ月はかかる。攻める属州兵も守るローマ兵も、皇帝ヴィテリウスがもはや再起不能な打撃を受けた事実を、十一月末か十二月はじめになって知ったにちがいない。ライン下流一帯では、野獣でさえも動きがにぶる厳冬の季節。ドイツの冬は、寒さが厳しいだけでなく雨が降る。自分たちが擁立したヴィテリウスが完敗したと知った「ライン軍団」の兵士たちの気分が、北方ドイツの冬の天候のようになったとしても無理はない。士気は、完全に落ちてしまったのだ。

だが、第二次ベドリアクム戦の結果は、ユリウス・キヴィリスにも不都合をもたらさずにはすまなかった。ローマ帝国の皇帝がヴィテリウスからヴェスパシアヌスに代わることが確定的になった以上、ヴェスパシアヌスに忠誠を誓わせることを理由にあげてローマ軍の基地を攻めるわけにはいかなくなる。ローマの軍団兵は、皇帝が誰になろうと、ローマ皇帝に忠誠を誓う義務がある。ヴィテリウス派であった「ライン軍

団」の軍団兵たちも、いずれはヴェスパシアヌスに忠誠を誓うことになるのは眼に見えている。

ここに来てユリウス・キヴィリスは、つけていた仮面を投げ捨てた。こうして、この期を境に、属州兵対ローマ兵の戦争であることが誰の眼にも明らかになっていく。

それにつけても、「ライン軍団」の兵士たちの士気の衰えはひどかった。自分たちの擁立したヴィテリウスの敗北を知っての落胆によるのだが、将官クラスの人々への不信が憤怒《ふんぬ》に変わったのである。あの連中は、暗にヴィテリウスの敗北を望んでいたのではないかという疑いが、確信にエスカレートしてしまったのだ。怒り狂った兵士たちは、司令官フラックスの寝所を襲い、老司令官を寝台から引きずり降ろして殺した。ヴォクラは、奴隷《どれい》に扮装《ふんそう》して逃げたので助かった。

だがそこに、マインツの軍団基地が敵に襲われたという知らせが届いたのである。ユリウス・キヴィリスが、ライン東岸に住むゲルマン人をけしかけて襲撃させたのだ。これが伝えられるや、ローマ軍団を有名にした鉄の規律がもどってきた。ヴォクラも、陣頭指揮にもどる。マインツ救援のための第一、第四、第二十二の三個軍団が、ヴォクラの指揮下、南にとって返した。マインツを敵に奪われようものなら、ライン河防

衛線は全壊するからであった。

マインツの防衛は成功した。だがその間に、ユリウス・キヴィリスによるゲルマン系ガリア人に対する呼びかけのほうも、見事な成果をもたらしていたのである。まずは軍事上の成果を示し、次いで誘いの手を伸ばすキヴィリスのやり方は、適切であったことが証明された。ガリアでは有力な部族であるトレヴェリ族とリンゴネス族が、共闘を申し入れてきたのである。

「ガリア帝国」

トレヴェリ族はモゼッラ（現モーゼル）河周辺に住む部族で、カエサルに敗れてローマの支配下に入って以来、その本拠地の現トリアーの古代名がアウグスタ・トレヴエロールムであることが示すように、ライン河前線基地群の後背基地として重要視され、ローマ人の手になる都市化と経済上の繁栄を味わう百年が経《た》っていた。同じような境遇にあったリンゴネス族の居住地帯は、このトレヴェリ族の南隣りになる。ユリウス・キヴィリスの反ローマの火の手は、ガリアの中央部にまで迫ったということであった。

トレヴェリ族を代表して反ローマの戦線に参加したのは、ユリウス・クラシクス、ユリウス・トゥートル、ユリウス・ヴァレンティヌスの三人である。「ユリウス」の家門名が示すように、いずれも部族内の有力者たちだ。

そして、リンゴネス族の代表は、ユリウス・サビヌス。この人物は、百二十年以上も昔のガリア制覇中にカエサルが親密な関係を結んだ女人の子、つまりカエサルの落とし子の子孫であることを誇りにしていた。個人名までカエサルと同じ名を名乗っていたので、この人の正式の名はガイウス・ユリウス・サビヌスという。自分の落とし子の子孫の一人が反ローマで起《た》ったと知っても、あのカエサルならば大笑いし、困ったことだね、とぐらいは言うかもしれない。いずれにしろ、カエサルが家門名を与えた人々の子孫である「ユリウス」たちで、反ローマの指導者たちは勢ぞろいしたことになる。この全員が、ローマ軍内の補助部隊長を長年務めた経験の持主であった。しかもそのうちの二人は、第一次ベドリアクム戦に参戦している。そして、ユリウス・キヴィリスをはじめとするこの五人は、ケルンで秘《ひそ》かに会い、共同戦線樹立を誓い合ったのである。

会合の地にコローニア・アグリッピネンシス（現ケルン）を選んだのは、この地が

ライン沿岸に住む属州民の都市としては最大規模を誇り、そこの住民であるウビィ族が自分たちの側につくことは、これまでの属州兵対ローマ兵の対決から、属州民対ローマ兵の対決に変わることになるからである。民間人を引き入れてはじめて、ローマの支配からの独立運動であることが明快になるのだった。会合には、ウビィ族の代表も参加していた。そしてこの点でも、部族全体で参加を表明したトレヴェリ族とリンゴネス族の参加の意味は大きかったのだ。ユリウス・キヴィリスが、タキトゥスも賞讃した知力の持主であったことを示している。

そして、このケルン会談ではじめて、「ガリア帝国《インペリウム・ガリクム》」の創設が決まったのである。ライン河の東に住むゲルマン人、西に住むゲルマン系のガリア人、そして、そこからピレネー山脈に至るガリア全土の住民もふくめての一大帝国を建設し、ローマの勢力をアルプスの南に追いやるという、実に壮大な企てであった。後代のイギリスやフランスをはじめとする植民帝国で起こった、植民地の独立運動に似ていなくもない。だがこの企てが実現すれば、アルプス以北はユリウス・カエサル以前の状態にもどるということであった。興味深いのは、会談で使われた言葉もラテン語、ガリア帝国という言葉もラテン語であったことだ。この点でも、宗主国の言語を反宗主国運動にも使用せざるをえなかった、後代の植民地の独立運動を思い起こさせる。だが、これら

ブリタニア
ドーヴァー海峡
クサンテン
ノイス
ケルン
ボン
ゲルマニア
低地
ゲルマニア
マインツ
アミアン
トリアー
モーゼル河
ランス
ライン河
セーヌ河
パリ
ベルジカ
ガリア・ルグドゥネンシス
トゥール
ロアール河
高地
ゲルマニア
ブールジュ
オータン
ポアティエ
ジュネーヴ
ソーヌ川
アクィターニア
アルプス山脈
ビスケー湾
リヨン
N
ボルドー
本国
イタリア
ガロンヌ河
ガリア・ナルボネンシス
ナルボンヌ
フレジュス
マルセーユ
ローヌ河
0 100 200km
ピレネー山脈
地中海
スペイン

ガリア全土

「ユリウス」たちの独立運動の挫折《ざせつ》は、後代の植民地帝国国家にはまったく見られなかったことに起因するのである。

いずれにしろ、「ガリア帝国」建設の意志を明らかにしたことで、指導者である「ユリウス」たちの意気は一段とあがったことはたしかだった。しかもその後まもなく、ガリア帝国誕生の前祝いにも値する知らせがもたらされたのである。

十二月十九日に発生した、ローマのカンピドリオの炎上がそれだった。ローマ人が神々の中の最高神とあがめるユピテルに捧《ささ》げられた神殿の炎上を、ゲルマン人やゲルマン系のガリア人たちは、神々さえもローマ帝国を見離した証拠と受けとったのである。ローマ帝国からの独立も、これで実現確実と意気込んだのだった。醒《さ》めた男のキヴィリスはこのような迷信は信じなかったろうが、同志たちが信じるのは不都合でない。それにユリウス・キヴィリスも、ローマ帝国は自壊しつつあるとは感じていたのだ。

カンピドリオ炎上の知らせは、ライン河のローマ軍団兵たちにも届いていた。しかもこれにつづいたのが、ヴィテリウス殺害の知らせである。落胆し、やる気も失った兵士たちを率いるヴォクラの苦労は、これでさらに重く困難になった。それでいながら、ヴォクラの肩には、ライン河防衛線の全線死守が重くのしかかっている。防衛線

の要《かなめ》である軍団基地ならば、マインツ、ボン、ノイス、クサンテンの各軍団基地の死守ということである。しかも、ボンとノイスの間には、ユリウス・キヴィリスが侵入させたゲルマン人によって事実上の占領状態になっていた、ケルンが立ちふさがっていた。情報や命令の伝達から兵士の輸送にも便利だったライン河艦隊も、敵の手に渡ってしまっている。

それでもヴォクラは、マインツの基地の防衛に成功した後で再び、軍勢を北に向けた。籠城《ろうじよう》戦を闘うこと久しい、クサンテンの基地の救援である。ひとまずは軍勢を、ノイスの基地にまで連れていくことはできた。

ローマ軍では軍団と言うと、ローマ市民権所有者だけに志願の資格がある軍団兵の集団を意味しない。通常は、軍団兵《レジヨナリス》とほぼ同数の補助兵《アウジリアリス》を加えて成り立っている。紀元六九年から七〇年にかけての「ライン軍団」内の各軍団も、ユリウス・キヴィリスによる属州兵の蜂起《ほうき》で数は減ってはいたが、ゲルマン系以外のガリア人の補助兵ならばいたのである。

ローマ軍では、軍団兵も統一された軍装に身を固めているが、補助兵の軍装も統一されている。軍装面で見れば、前者は重装備であり、後者は軽装備であったと思ってよい。主戦力と補助戦力だから、戦術上でも当然の区別である。

今やユリウス・キヴィリスの同志となったトレヴェリ族のリーダーのユリウス・クラシクスは、軍装が同じであることを利用して、ヴォクラ指揮下のローマ軍団内に配下の兵士を潜入させたのである。あらゆる分野でラテン語使用を強要しなかったローマ人だったが、軍隊内の用語だけはラテン語で統一している。出身部族がちがう兵士が潜入しても、ラテン語で話すかぎりは言語で露見する危険はなかった。

ノイスの軍団基地でヴォクラは、クサンテン救援に発《た》つ前に、兵士たちに向って恒例の演説をした。兵士たちの暗い心中を察してのものなので、ローマ帝国への兵士たちの愛国心に訴える、悲痛な調子の演説になった。

聴き入る軍団兵と補助兵の群れの中に、クラシクス配下の兵士たちも潜入していたのである。ヴォクラの演説を笑いとばし非難の叫び声で中断したのはこの人々だった。しかも事態は、中断では終らなかった。呆然《ぼうぜん》としている兵士たちの間を演壇まで突走った彼らは、引きずり降ろしたヴォクラの胸深く、補助兵の使う長剣を突き刺していたのである。一瞬の間の出来事だった。演壇の脇《わき》に立っていた二人の軍団長も、ヴォクラと同じ運命をたどった。

指揮官を失い混乱している軍団兵たちの前に、ユリウス・キヴィリスとユリウス・

クラシクスが姿を現わしたのは、それからまもなくのことであったにちがいない。反ローマの指導者である二人の「ユリウス」は、ローマ市民である軍団兵たちに向い、ガリア帝国への忠誠宣誓をするよう求めたのである。もちろんその頃には、軍団基地内に侵入した反乱側の兵士たちが、軍団兵たちを取り囲んでいた。

ローマ史はじまって以来の恥辱

ヴィテリウス擁立の失敗で落胆し、属州兵の反乱でライン河沿いの冬期の行軍をくり返させられ、今では指揮官さえも失ってしまった軍団兵たちの胸中には、絶望と疲労とあきらめの感情しか残っていなかったのかもしれない。また、このような状態に突き落とされた人はしばしば、自分が行おうとしている行為の理由づけを必死に何かに求めるものである。

初代皇帝アウグストゥスの行った軍制改革以来、属州民である補助兵でも二十五年の満期除隊時にはローマ市民権をもらえることに決まっていた。ローマ市民権は世襲権である。補助兵であった人の息子は、ローマ軍団兵に志願する有資格者になる。

ライン河を帝国の防衛線とすることが再確認され、その戦略にそって河に近接した

クサンテン、ノイス、ボン、マインツが恒久基地化したのは、二代皇帝ティベリウスの治世からである。紀元六九年当時の「ライン軍団」の七個軍団は、ブリタニアに送られた一、二を除いて、ティベリウス以後の半世紀ほとんど入れ代わっていない。ということは、ライン河を守るローマ軍団兵ではあっても、彼らの体内をながれる血は属州民の血であることになる。

また、本国イタリア出身の軍団兵の場合でも、満期除隊後に軍団基地周辺の属州民の女と結婚する者が多数を占めていたのが、辺境勤務のローマ兵の常の形であった。こちらは、もともとからして父親がローマ市民なのだから、息子もローマ市民である。つまり、軍団兵に志願する有資格者ということだ。この場合でも、軍団兵の体内を流れるローマ人の血は、一代目で半分、二代目以降ともなればもっと薄くなる。「ライン軍団」と言えばローマ全軍中最強という評判も、実際はゲルマンやガリアの血に負う面が大きかったのであった。

しかし、これでもなお軍団がローマの軍団でありえたのは、属州民の血が多くを占めているにかかわらず、彼ら自身がローマ市民であることを誇りに思っていたからである。「ユリウス」の家門名も、誰一人捨てていない。ユリウス・カエサルの落とし子の血をひくことを、誇りにさえする者もいたのだから。

だがそれは、彼らがローマ人を尊敬し、ゆえにそのローマ人と何らかのつながりをもつ自分を誇りに思える間のことであった。紀元六九年のローマ人同士の間で闘われた内戦は、それらが無能も露《あらわ》に闘われたがゆえになおのこと、彼らの心中からローマ人への敬意を失わせることになったのである。

ネロ帝末期に反ネロの声をあげた最初のローマ高官は、ガリアはリヨン属州の総督であったユリウス・ヴィンデックスである。このもう一人の「ユリウス」は、ネロのような皇帝をいただくローマ帝国からは離れ、ガリアは独立すべきだと言ったのではない。ローマ帝国にとってもネロは皇帝として不適格であると公言したのだから、ガリア人としてではなくローマ人として行動したのである。だが、もしもこの人が紀元六九年末まで生きていたとしたら、一年半前と変わりなく、憂国の情に駆られたローマ人として行動したであろうか。もしかしたらこの人も、キヴィリスやクラシクス等の他の「ユリウス」たちとともに、ガリア帝国を創設してローマ帝国から独立する考えに、傾いたかもしれないではないか。この意味でも、紀元六九年の内乱は、ローマ帝国にとっては、帝国の基盤さえもゆるがしかねない重大な危機なのであった。敬意とはしばしば、武力よりも有効な抑止力になりうるのである。

ノイスの軍団基地にいたローマ軍団兵たちは、強制されるがままにガリア帝国への忠誠を誓ったのであった。

「ローマの歴史上、カンネやカッレやテウトブルグの森での全滅は、このノイスでの不祥事に比べれば、輝かしいページであったとするしかない」と慨嘆するドイツの歴史家モムゼンの言に、私もまた同感である。だが、ハンニバルに完敗したカンネの会戦(第Ⅱ巻既述)、パルティアの弓兵に翻弄《ほんろう》されたカッレの戦闘(第Ⅳ巻既述)、ゲルマン人の術策に陥ったテウトブルグの森での壊滅(第Ⅵ巻既述)のときには、ローマ人の無能が露出された一年間は存在しなかったのである。ローマ人はローマ人であることに自負心をもち、属州民もそのローマ人を尊敬し、ローマ人と自分たちの関係の深さを誇りにしていたのだった。カンネやカッレやテウトブルグでの敗北は、純粋に軍事上の敗北であったのだ。だからこそ、敗者になっても勝者に対し、忠誠を誓うことを断固として拒否したのである。それよりも、捕虜でいるほうを選んだのだ。

ノイスの軍団基地で起こったことは、クサンテンの軍団基地でもくり返された。クサンテンの軍団兵たちには、絶望的な籠城《ろうじよう》戦を闘った疲労もあった。そして、マインツの基地を守っていた軍団兵も、「ガリア帝国」に忠誠を誓った同僚たちにつづいた

のだ。現スイスのチューーリッヒ近くの基地にいた一個軍団だけはこの雪崩《なだれ》現象からまぬがれたので、「ライン軍団」を構成していた七個のうちの六個軍団までが、ゲルマン系の属州兵に屈したことになる。

ローマ人であるタキトゥスが、「一度として経験したことのない恥辱」と嘆くのも当然である。しかも、これらの軍団兵はガリア帝国への忠誠は誓ったにかかわらず、捕虜にされたことでは変わりはなかったのだから。忠誠を誓ったローマ兵たちは、トレヴェリ族の根拠地のトリアーに連行された。忠誠宣言を拒否した少数の兵は、その場で殺された。こうして、ライン河に沿うすべてのローマ軍団基地は、反乱を起こした属州兵の手に落ちたことになる。ローマ帝国の北の防衛線であるライン河防衛線は、ユリウス・カエサル以来はじめて、無に帰したことになった。

紀元六九年から七〇年にかけての一年の間に、ローマ帝国の安全保障体制をゆるがせた事件が二つある。バタヴィ族の反乱からはじまりガリア帝国創設にまで至ったこの事件と、イェルサレムのユダヤ人の暴動を発端にマサダの要塞《ようさい》の玉砕で終るユダヤ戦役である。期間ならば、前者は紀元六九年夏に勃発《ぼっぱつ》し七〇年秋には決着がついたから一年間、後者のほうは、六六年夏からはじまって七三年春までかかったので七年間

になる。この二事件に寄せる後世の研究者たちの注目度ならば、ローマ帝国とユダヤ民族の対決という視点に重きが置かれるためか、断じて後者へのほうが高い。ガリア帝国事件のほうは、ローマの通史に関心のある人以外からは忘れ去られたかのようである。

だが、おそらくこの時期から三十年後に書かれたと思われるタキトゥスの『同時代史』では、前者を叙述するのに要したページ数は八十、後者の叙述は十ページと逆転する。つまり、ローマ時代の歴史家タキトゥスの注目度ならば、ガリア帝国事件のほうが断じて高かったことになる。

それは、ユダヤ戦役の行方が帝国の安全保障に与える影響は間接的であったのに反し、ガリア帝国の行方如何《いかん》は直接的な影響を与えざるをえなかったからだろう。

ユダヤも、帝国東方の安全保障体制の要《かなめ》であるシリアとエジプトの間に位置するだけに、ローマ人にとっては重要地域であったことでは変わりはない。しかし、ユダヤ問題のローマにとっての怖《おそ》ろしさは、第一に、ユダヤ以外の地に住むユダヤ人にまでそれが波及することであり、第二に、ユダヤ民族がパルティアを煽動《せんどう》して反ローマに起《た》つことであった。この二つが現実のものになる前に解決することだけが、当時のロ

ーマに課されていたことであったのだ。それにユダヤは、本国イタリアからは遠かった。

これと比べれば、ガリア帝国問題の重要度は計りしれない。ユリウス・キヴィリスの考えが現実化するとなれば、ローマ帝国はアルプスの北に、ライン河を中心にして西はピレネー山脈から東はエルベ河に至る、広大な敵をもつことになる。帝国の北の防衛線はライン河とドナウ河、などと言っている場合ではない。帝国の北の防衛線はアルプス山脈になり、いつ何どきイタリアに侵入されるかわからない状態になるのである。しかも、ユダヤ戦役遂行中のローマ軍団は、それを叙述したユダヤ人のヨセフス・フラヴィウスが絶讃せざるをえなかったことが示すように、健在であり充分に機能していたのに反し、ローマ全軍中最強とされていた「ライン軍団」は事実上崩壊。ローマ人に向って鳴らされた警鐘の強さと激しさならば、ガリア帝国問題のほうが断じて強く身近であったのだ。この二事件に対するローマ人の注目度の差は、たとえ叙述の時期が三十年後であっても変わりはなかったのだった。

この「ガリア帝国」問題の関係者は、大別すれば三分される。

第一は、ガリア帝国を建設しローマからの独立を目指すことで一致した、ライン西

岸に住むゲルマン系のガリア人に、キヴィリスの所属するバタヴィ族のようにローマとは同盟関係にあったゲルマン系の部族、これらに、ライン東岸に住みローマとは常に敵対関係にあったゲルマンの諸部族が加わる。

第二は、これらのゲルマン民族に反旗をひるがえされたローマ人。

第三は、ベルジカ、ルグドゥネンシス、アクィターニアの三属州に住むガリア民族である。

思い浮べるのが容易なように現代の国別で分ければ、第一に該当するのはオランダとドイツ、第二はイタリア、第三はベルギーとフランス、と思ってよいだろう。

それで、現代のイタリア人の先祖とはとても思えない古代のローマ人のこの問題への対処だが、時を無駄にせず、持てる力を効率的に活用する見本とでも言ってよい対策を、早くも実行に移しつつあったのだった。

反攻はじまる

首都ローマに到着し、たちまちすべてをコントロール下に収めたムキアヌスは、「ガリア帝国」問題の重要性を察知していた。反撃作戦には、本国イタリアからの五

個軍団、スペインからの二個軍団、ブリタニアからの一個軍団、そして「ライン軍団」では唯一《ゆいいつ》無傷だった、ヴィンドネッサ（現ヴィンディッシュ）を基地にしていた一個軍団の、合計九個軍団を投入すると決める。この九個軍団はいずれも、通常ならば加わる補助兵を除いた軍団兵のみで軍事行動を行う。ガリア帝国側の主力がローマ軍の補助兵なのだから、それと軍団内では同僚になる補助兵は、たとえそれがスペイン人であろうとブリタニア人であろうと排除したのである。ゆえに、九個軍団の総戦力は五万四千。内戦による定数割れを補充する時間もなかったろうから、実数ならば四万前後ではなかったか。この軍勢指揮には、自らは首都を留守にできないムキアヌスは、実戦の経験豊富な二将を選んだ。ケリアリスとガルスの二人である。冬の最中にもかかわらず、スペインとブリタニアには、軍団派遣の命令をもった使者が早馬で発《た》った。

反旗をひるがえされたローマが、反攻に打って出ないはずもないのである。ゲルマン系の「ユリウス」たちも、そのことは承知していたにちがいない。だが、キヴィリス以下の「ユリウス」たちの誤算は、こうも早くローマが内乱収拾に出てくるとは思っていなかったところにあった。

ローマ側の反攻も、いかにもローマ人らしく断固として徹底したものになったが、

「ユリウス」たちの夢を打ち砕いたのは、実は別の「ユリウス」たちであったのだ。つまり、私が第三種として分類した、ガリア系の「ユリウス」たちである。

このガリア系、ギリシア風の呼び名ならばケルト系のガリア人たちは、ゲルマン系のガリア人たちから寄せられた共闘の誘いに、当初は賛成もしなかったが反対したのでもなかった。だが、反乱がガリア帝国の創設にまで進んだ段階に至ってはじめて、彼らは動いたのである。このガリア系ガリアの有力者を一堂に集めた会議の開催地は、伝統的に親ローマのレミ族の居住地。そこで彼らは、ガリア帝国に参加するか、それともローマ帝国側に留まるかをめぐって討論したのだった。

ライン河東岸に住むゲルマン人にさえも、自らの家門名を大盤振舞したユリウス・カエサルである。自分が征服したライン西方の主要民族であるガリア人となれば、有力者全員としてよいくらいに「ユリウス」を振舞ったにちがいない。つまり、現フランス北部にあたるレミ族の地に集まったガリアの有力者たちのほぼ全員が、「ユリウス」であったのだ。事実、レミ族の長で会議の主催者でもあった人の名は、ユリウス・アウスピケである。これに加え、クラウディウス帝による開国路線の結果、彼らの多くはローマ帝国の元老院議員でもあった。

この人々は、名は「ガリア帝国」でも、実質は「ゲルマン帝国」になるであろうことを察知していた。そして、ユリウス・カエサルからはじまったローマのガリア支配がガリア人に恵んだのは、ガリア民族をゲルマン民族の攻勢から守ることであったのを思い出したのである。なぜなら、それ以前のガリアの状態が、ガリアの部族間の争いを利用してライン河を越えては西方に侵入してくる、ゲルマン人に好きなようにされた歳月であったからだ。あの当時のガリア人はカエサルから、ローマがいなければガリアは早晩ゲルマンの支配に屈す、と断言されて一言もなかったのである。ローマ人がライン河でがんばってくれていたために気にしないですんできたゲルマン問題に、ガリア人は百二十年後に再び直面したのであった。

会議の結論は、ガリア帝国には不参加、である。ガリア系の「ユリウス」たちは、ゲルマン系の「ユリウス」たちに向って、ノーと答えたのだった。不参加だけでなく、ローマ軍の補助役として参戦の意志も明らかにする。だがこの申し出は、ムキアヌスからの、ローマ人の不始末はローマ人で解決する、という答えで実現しなかった。しかし、ライン河に近接する低地ゲルマニアと高地ゲルマニアの二属州以外のガリア全土が、ローマ側に留まると決めた影響は大きい。本国イタリアからの軍団もスペイン

やブリタニアから来る軍団も、戦場となるライン沿岸地帯に向うにはガリアを通らずには行けない。また、行軍路の安全に加えて兵糧《ひょうろう》確保の面でも、その有利は計りしれなかった。ガリア人はローマ人に対し、現代風に言えば、後方支援を確約したことになるからである。

この動きの中で、紀元七〇年の冬は過ぎ春が訪れた。ローマ側は、イタリア、スペイン、ブリタニアと、三方からライン河目指して進軍をはじめる。それを迎え撃つユリウス・キヴィリスは、ローマ軍の補助部隊の指揮官当時はローマ風に頭髪を短く切りひげもきれいにそっていたのを、長く伸ばした頭髪を風になびかせ、ひげも顔半分をおおうゲルマン風に変えていた。旗印はガリア帝国だが、これはもう明らかに、ローマ史上では幾度となくくり返されてきた、いやこの後も幾度となくくり返されることになる、ローマとゲルマンの対決なのであった。

外観をゲルマン風に変えたユリウス・キヴィリスは、中身のほうもゲルマン風に改めるつもりであったのかもしれない。ゲルマン民族は、女の占い師を重用する。彼女たちのお告げしだいで、戦いに出向くか否《いな》かも決める。ローマでも攻勢がもっぱらで

あった共和政時代には出陣前の鳥占いが流行《はや》ったが、軍団の主たる任務が防御に変わった帝政時代に入ってからは、餌《えさ》のついばみかたで吉か凶かを占うやり方はすたれてしまった。襲撃してくる蛮族を撃退するのに、鳥占いの結果次第で出撃するか否かを決めるなど、非現実的になってしまったからである。

ユリウス・キヴィリスが重用した占い師の名はヴェレダ。ライン河の東方を居住地域にしているブルクテリ族の若い女で、ゲルマン民族による西方支配はローマ軍を破滅させることによって成就《じょうじゅ》する、と予言した女である。私などは、当り前のことを言っただけではないかと思うが、ライン沿岸駐屯の六個軍団にガリア帝国への忠誠を誓わせたキヴィリスにしてみれば、未来を予告した神のお告げに思えたのであろう。ユリウス・キヴィリスはこの女占い師の犠牲式に役立てようと、捕えたローマの軍団長の一人を殺さずに残しておき、それをヴェレダに贈った。だが、この軍団長ルペルクスは、護送される途中で自殺を選ぶ。

ゲルマン風に振舞うのは、捕虜の処遇にも示された。キヴィリスは幼少の息子の遊び道具に、捕虜のローマ軍団兵を与えた。ともに遊ぶためではない。縛りつけられた兵を、剣で突いて遊ぶためである。

だがこれは、ゲルマン人の意気をあげるのには役立ったかもしれないが、ガリア人

に対しては、ゲルマン民族への警戒心を深める効果しか産まなかったのである。そしてローマ人は、同胞を非人間的にあつかった他者を、絶対に放置しない民族でもあった。

ローマ軍、本格的な反攻開始、の知らせだけで、ガリア（ケルト）系のガリア人は対ゲルマンに動き出した。ガリア帝国側で起《た》ったリンゴネス族の南隣りに住む、セクアニ族である。セクアニ族の長も「ユリウス」の一人で、レミ族の主導で開かれた部族長会議に出席していた一人だった。ローマ側に留まる意志を、身をもって証明したのである。しかも、ユリウス・サビヌス率いるリンゴネス族相手に闘いそれに勝つ。ガリア帝国の一角は早くも崩れたのだ。敗将となったサビヌスは逃走に成功するが、この九年後にローマ人は隠れていたサビヌスを見つけ出す。カエサルの落とし子の子孫を自称していたこの男は、皇帝ヴェスパシアヌスの命令で死刑に処された。

しかし、「ガリア帝国」は一角が崩れたにすぎない。ユリウス・キヴィリスはバタヴィ族とライン東岸のゲルマンの諸部族を率いて、ライン河口一帯だけでなく、ライン東岸からケルン、ボン、マインツまでを、蛇の前で身のすくんでしまったうさぎの

ような状態にしている。一方、ユリウス・クラシクスとユリウス・トゥートルが率いるトレヴェリ族は、ライン河の西岸一帯を押さえていた。

エジプトに滞在中のヴェスパシアヌスに代わってローマ軍の本格的な反攻作戦の頭脳であったムキアヌスは、実際に指揮をとる司令官や軍団長の人選でも冷徹さを示した。前年の一年間に現われては消えた三人の皇帝のうちの誰の許《もと》で闘ったかは、まったく問題にされなかった。低地ゲルマニアか高地ゲルマニアでの、勤務経験だけが選考の基準になった。司令官の一人のアニウス・ガルスは、高地ゲルマニア駐屯の軍団長経験がある。もう一人の司令官のペティリウス・ケリアリスには、低地ゲルマニア駐屯の軍団長の経験があった。原住民族ゆえに地勢から何から知りつくしているゲルマン人を相手に、しかも彼らの地で闘うのである。原住民族同様の、知識と経験が不可欠であったのだ。

総計ならば九個軍団でも、イタリア、スイス、スペイン、イギリスから集まってくるのである。典型的な前線の指揮官タイプであったケリアリスは、全軍の集結が終るまで待たなかった。おそらく、イタリアから従えた五個軍団だけが、破壊され、残っている兵もわずかのマインツに到着したときの、現有戦力であったと思われる。ケリアリスはそれのみを率い、トレヴェリ族の地目指して進軍すると決めた。スペインや

イギリスやスイスから集まってくる他の軍団の指揮は、ガルスにまかされた。戦闘には好適の春も盛りに入ったこの時期を、無駄にしたくなかったのである。

しかし、二万でも、ローマ軍の主戦力である軍団兵の戦闘能力は圧倒的だった。マインツからトリアーまでは、ローマ街道一本で通じている。ただし山岳地帯なので、平地を行くほどは距離を消化できない。それでも時速五キロとして、一日に九時間は行軍したのだ。一日五時間がローマ軍団の通常の行軍時間なのだから、これはもう強行軍だった。それが可能であったのは、たずさえていく荷が少なくてすんだからである。トレヴェリ族の西隣りに居住する、レミ族からの〝後方支援〟があったからだった。

こうして着いたモーゼル河畔のトレヴェリ族の本拠地トリアーの攻略は、激戦ではあったが成功した。勝ったローマ兵たちは、トリアーの町全体を破壊し炎上させ、住民のすべてを殺すことを主張した。ヴォクラをはじめとするローマ軍の将官たちを殺したユリウス・クラシクスやユリウス・トゥートルの故郷ではないか、と言うのである。略奪した戦利品や捕虜を売り払うのは勝者の権利だが、そのような利益はいらないから、すべてを焼き払い、殺し、トリアーの町自体を地上から消し去るべきだと主張したのである。

勝利と寛容

復讐《ふくしゅう》を訴える部下の兵士たちに向って、司令官ケリアリスは言った。

もはや、ローマ人同士で争った内戦は終った。子供でも知っている有名なローマ軍団兵の闘志は、再び帝国の外の敵に向けられねばならない。こう言ったケリアリスは、兵士たちの関心を、トリアーに連れて来られた後も惨《みじ》めな状態で生きていた、ガリア帝国に忠誠を誓ったローマ軍団兵たちに向けたのである。

友軍によるトリアー攻略が成ったにかかわらず、この人々は押しこめられていた貧しい小屋や天幕から走り出もせず、ましてや解放された喜びを爆発させて同胞たちと抱き合うこともしなかった。彼らは、自分たちが犯した罪を知っていた。そして、それを犯した自分自身を恥じていた。危険や恐怖は去ったはずなのに、小屋や天幕の中に閉じこもったままであったのだ。このような場面の描写をさせれば天下一品のタキトゥスは、次のように書く。「陽光からさえも、逃れたいと願っているかのようであった」

ケリアリスが指し示す方角に眼を向けた兵士たちは、そのときになってはじめて、捕囚の身の同僚たちを思い出したのである。兵士たちは、貧しい小屋や破れ目の入った天幕に向って呼びかけた。だが、それに応じた声はなかった。兵士たちは、ケリアリスのほうに視線をもどした。何も言わなかったが、その眼は涙でいっぱいになっていた。この機と思ったケリアリスは、兵士たちに向って話しはじめた。

ローマ帝国を捨てて蛮族の帝国に忠誠を誓ったなどということは、運命のいたずらにすぎない。彼らの不名誉な行為とその後の惨めな境遇も、もとをたどれば、彼らの司令官や軍団長の幾人かの皇帝位への野心と、それを利用した敵の悪意に翻弄《ほんろう》された結果なのである。だから、すべては今日から新しくはじまる。彼らの以前の行為については、皇帝（ヴェスパシアヌス）もその司令官である自分も、なかったこととする考えでいる。

聴き入る兵士たちに向って、ケリアリスはつづけた。トリアー攻略用に建設されていたローマ軍団の宿営地に、これらの元裏切者たちを迎えるよう命じたのである。そしてつけ加えた。彼らを笑いものにしたり、侮辱したり、冷たくあつかってはならないと言ったのであった。

兵士たちが、惨めな同僚の破れた衣服を脱がせ身体《からだ》を洗わせ、軍団兵の新しい軍装に着替えさせている間を利用して、ケリアリスは、トリアーにいたために捕えられたトレヴェリ族とリンゴネス族の有力者たちを集め、彼らに向っても次のように話した。ペティリウス・ケリアリスは、これより九年前の紀元六一年に、当時の皇帝ネロによってブリタニア駐屯の第九軍団の軍団長に任命されたという史実があるから、紀元七〇年のこの時期には五十代に入っていたにちがいない。前線経験豊富なこの武人の演説は、タキトゥスによれば次のようなものであった。

「わたし個人は、言語を駆使するのが巧みな政治家でもなければ弁護士でもない。ローマ市民の存在理由を、武器によって認めさせる道を選んだからである。とはいえ、あなた方の現在の状態（敗者の状態）を思えば、つたないわたしの話でも耳を傾けるほうが得だろう。今や、ローマとトレヴェリ族やリンゴネス族との闘いは終ったのだ。怖《おそ》れおののくよりも、冷静に聴き考えるときであると思う。

あなた方の土地にかぎらず他のガリア人の土地（つまりライン河からピレネー山脈に至る全ガリア）にローマ人がやってきたそもそもの発端は、ローマ人の征服欲によるのではなく、あなた方の先祖の要請を受けてであったことを思い出してもらいたい。それ（カエサルによる征服）以前のガリアは数多くの部族間の抗争にあけくれ、これ

による自壊寸前の状態にあった。カエサルもガリアの部族からの要請を受けてガリア入りしたが、別の部族はゲルマン人のアリオヴィストゥスに支援を求めていたのだ。そしてこのゲルマン人は、この機にガリアを手中にすることを考える。ゲルマン民族の戦闘力がいかに怖るべきものであるかは、ローマ人でも彼ら相手には、どれほどの回数の闘いをせねばならなかったか、どれほどの数の犠牲を払わねばならなかったか、を思い起こすだけで充分だろう。

われわれローマ人は、ライン河を防衛線として確立する策に出た。もちろんこれは、本国イタリアの防衛のためであった。だが同時に、ガリア全土にアリオヴィストゥス(カエサルと闘って敗れたゲルマンの武将)の子孫の支配が及ぶのを阻止するためでもあったのだ。あなた方は、現在のキヴィリス率いるバタヴィ族やライン以東に住むゲルマン人たちは、カエサル時代に生きた彼らの先祖とはちがって、ガリア人に好意をもち、ガリア人に温和に接するとでも思っているのか。思っているとすれば、それは幻想である。

ゲルマン民族は、あれから百三十年が過ぎようとしているのに、少しも変わっていない。あいも変わらず、ライン河を越えてのガリア侵攻をあきらめず、他民族との融

和を嫌い、他民族の所有物を奪うのを当然と考え、定住を嫌う生き方をつづけている。彼らの立ち去った後には、不毛と無人の地が残るだけだ。そのゲルマン民族が、肥沃《ひよく》なガリアの主人の座を狙《ねら》いつづけるのも当然だろう。

そしてこのゲルマン人の、ガリア人を自分たちの側に引きつけようとするときの常《じょう》套句《とうく》は、いつも決まって自由と独立の二語である。だが、忘れないでもらいたい。他者を支配下におくことを考えた民族で、この二語を旗印にかかげなかった民族は皆無であるという人間世界の現実は、忘れないでもらいたい。

（カエサルによって）ローマの法の許《もと》に帰属するようになるまでのガリアを支配していたのが、むき出しの力であった事実は誰にも異存はないだろう。だが、征服者になったわれわれローマ人は、「勝者の権利《ユーレ・ヴィクトリアエ》」を、帝国全体の平和確立のために使ったのだ。たしかにあなた方には、属州税を払う義務は課した。しかし、民族間の平和を保つには兵士が必要であり、兵士には給料を払わねばならず、給料を払うには税金を取らねばやっていけない。

ローマがガリアに求めたのは、この属州税だけである。他はすべて、あなた方の自治に委《ゆだ》ねた。それどころか、ローマ軍内の要職にすらも、この路線の創始者であるカエサルの時代からすでに、多くのガリア人が登用されてきたのである。属州の総督ま

で、ガリア出身者にまかせたではないか(ネロ時代のユリウス・ヴィンデックスのこと)。差別もせず、門戸を閉じることもせずというのが、ローマの方針なのである(クラウディウス帝の改革以降の、属州出身者への元老院の議席開放を指す)。

出来の良い皇帝は属州民にも利益をもたらすが、それはわれわれローマ人にとっても同じこと。ところが、出来の悪い皇帝による弊害となると、身近にいるだけにわれわれローマ人のほうが直撃を受ける羽目になる。だが、雨に恵まれなかったり、または雨が降りすぎたりしての天然の災害を、人間であるわれわれはどうすることもできないのと同じで、皇帝の出来不出来も、そして不出来な皇帝による放置であろうと強欲であろうと、我慢可能な間は我慢するしかないのである。トレヴェリ族出身のトゥートルやクラシクスが統治すれば、すべては良く変わり、税金も納めなくてすむようになるとは、単なる夢にすぎない。彼らも自分の属す部族の安全を期すならば、ゲルマン人やブリタニア人からの防衛策をとらないではすまないからである。

もしも、ローマ人のガリアからの放逐が実現したとすれば、そのようなことは天が許さないと思うが、もしも許すとすれば、どのような状態になるかを考えてみたことはあるのか。帝国全域は、絶え間ない戦乱状態に突入するだろう。

しかし、ローマは実に八百年におよぶ長い歳月を通じて、幸運を活用するとともに自らに確固とした規律を課すことで、また、破壊しようとする者を打ち倒すことで、自分たちと他者のための平和を築きあげてきたのである。

だが、もしもこの平和が崩れるとすれば、その最初の被害者はあなた方ガリア人である。なぜなら、戦争を誘発する最大の原因は黄金と富への欲望であり、それらも今ではあなた方の手にあるからだ。

だからこそ、よく考えて決断を下してもらいたい。平和を享受《きょうじゅ》し安全で繁栄するあなた方の住む町や村を、そしてそこでは、征服者も被征服者も同等な権利のもとに生活している事実を思い起こし、これらは愛し尊ばれる価値があるか否《いな》かを考えてほしいのだ。

あなた方は他のガリア人とちがって、反ローマに起《た》つという体験をした。その体験もふまえて、いずれはあなた方の破滅に至ること必定の反乱に加わりつづけるか、それとも、われわれローマ人の許にもどってきて、共存と共栄の同志になるか、そのどちらかを決めてもらいたいのである」

トレヴェリ族とリンゴネス族の有力者たちの説得には、ケリアリスのこの演説一つ

で充分だった。ということは、ローマ帝国領であるライン河西方に住むゲルマン系のガリア人も、ガリア帝国を離れてローマ帝国にもどったことを意味する。後に残ったのは、ゲルマンの部族のみ。これでは、「ガリア帝国」と名乗る資格さえも失われたことになった。

ことの重大さは、ユリウス・キヴィリスも察知した。彼は、トレヴェリ族出身でも反ローマ運動をつづけると決めたユリウス・クラシクスとの連名で、ケリアリスに手紙を送った。それには、ケリアリスにガリア帝国の皇帝になる気があるなら、自分たちは協力を惜しまない、と書かれてあった。ローマの武将は、返答すらしなかった。キヴィリスは、それでもあきらめなかった。ケリアリスに送った手紙の写しを、首都ローマにいるドミティアヌスに送ったのである。ドミティアヌスの訴えで、前線の司令官の裏切りを心配したムキアヌスが、ケリアリスを解任し本国に召還するのを期待したからであった。だが、ヴェスパシアヌスの若い息子ドミティアヌスから回送されてきたその手紙を、ムキアヌスは、一読はしたがくず籠《かご》に放りこんで終りにする。キヴィリスとクラシクスは、ライン河西方を再び傘下《さんか》に収めた後は河口目がけて攻め下ってくるケリアリス指揮下のローマ軍と、集結成ったガルス指揮下のローマ軍の双方による猛攻に直面することになったのである。

退却しつつではあっても、ゲルマン人も敢闘した。ユリウス・クラシクスもユリウス・トゥートルも、激闘中に戦死。ユリウス・キヴィリスの妻も妹も、ローマ軍に捕えられた。ゲルマン人には、家族を引き連れて戦場に出向く習慣があったのだ。追いつめられたキヴィリスは、冬まで耐えきれれば一息つけたろうが、果敢に攻めるケリアリスはその時間も与えなかった。追いつめられたバタヴィ族のリーダーは、ローマ軍の司令官に会談を求めたのである。両者の会談は、ラインの河口の浅瀬に浮ぶ島の一つで行われた。

ユリウス・キヴィリスとペティリウス・ケリアリスの二人は、旧知の仲であったのではないかと思う。二人とも、紀元六〇年、つまりこの時点からは十年前までは、低地ゲルマニア軍で、前者は補助部隊の長、後者は軍団の長の立場にあった。そして、前者は六一年から、後者は六二年前後の数年、配下の兵とともどもブリタニアに派遣され、ローマによる制覇行に参戦している。その後は両者の道は分れ、キヴィリスは再び低地ゲルマニアに、ケリアリスはドナウ河戦線に送られてさらに数年が経《た》った。年齢も、十歳とは開いていなかったはずだ。キヴィリスの軍務経験も長かったが、ヴェ

スパシアヌスの遠縁にあたるケリアリスも、ヴェスパシアヌス同様のたたきあげ組に属したから、こちらも兵舎の中で育ったようなものだ。そして、ローマ軍では、ローマ人の将官も属州民の補助部隊長も、総司令官が召集する作戦会議の常連であることでは何ら変わりはなかった。たとえ今では敵と味方に分かれていようと、キヴィリスにケリアリスとの直接会談を決意させた裏には、そしてケリアリスのほうも何の条件もつけずに受諾した裏には、このような事情もあったのではないかと思われる。

会談で何が話し合われたかについては、まったくわかっていない。キヴィリスが話しはじめたところで、タキトゥスの『同時代史』は終っているからだ。タキトゥスがそこで筆を折ったからではなく、それ以後のページが中世を経る間に消失してしまったからである。だが、二人の話し合いがどのように進んだかは不明でも、話し合いがどのような結果を産んだかならばわかっている。

バタヴィ族は、皆殺しにもならず奴隷にもされず、反ローマで起《た》った以前とまったく同じに、ローマの同盟部族として存続を許された。属州に加えられたのではないから、属州税を払う義務もない。代わりにローマ軍内での補助兵として兵役を務めるのも、これまた以前とまったく同じである。

ユリウス・キヴィリスは、処刑されなかった。と言って、以前と同じくバタヴィ部隊の長でありつづけたのではない。これ以後の彼の消息は、完全に途絶えている。カエサルに反旗をひるがえしたガリア人のヴェルチンジェトリックスや、テウトブルグの森でローマの三個軍団を皆殺しにしたゲルマン人のアルミニウスのその後の消息についてでは、複数の史書が彼らの死までを追っているのに、キヴィリスにかぎっては誰一人として言及していない。処刑されたのならば誰かが記述したはずだが、それもない。また、生存を証明する史料も残されていない。一私人にもどって、ライン河東方のどこかでひっそりと生きつづけたのであろうか。なぜなら、ローマ側に捕えられていた彼の妻と妹の消息も、彼の許に送り返されでもしたかのように、これ以後は絶えてしまっているからである。

このキヴィリスが重用した女祭司のヴェレダのほうは、イタリアに送られてそこで一生を終えた。昼なお暗い森の国から太陽の降りそそぐ国に移してしまえばゲルマンの神々の巫女《みこ》の威力も薄らぐと、ローマ人は考えたのかもしれない。このゲルマンの巫女はイタリアで占い師を開業する。けっこう繁盛《はんじよう》していたという。

こうして、「ガリア帝国《インペリウム・ガリクム》」は半年もしないで崩壊した。ユリウス・キヴィリスがバ

タヴィ族を率いて反ローマののろしをあげたときから数えても、一年とは過ぎていない。しかし、この「ガリア帝国」問題へのローマ人の対処のしかたは注目に値する。

第一に、ローマを裏切ってガリア帝国に忠誠を誓った軍団兵たちを、何もなかったことにする、の一言で許した。この人々はローマ市民として祖国を裏切っただけでなく、ローマの正規兵としてもローマ軍の軍規に違反したのである。現代ならば、軍法会議行きは必至だった。

第二は、ローマ帝国の属州民である身がゲルマン人の誘いに乗り、ガリア帝国の創設を旗印にしてのローマからの独立を試みたトレヴェリ族とリンゴネス族も、罪はまったく問われなかったことである。戦死した者を除けば、この二部族の有力者の中で処刑されたのは、反乱の首謀者に連なっていたユリウス・ヴァレンティヌス一人だった。

第三は、先に述べたバタヴィ族への処遇である。反乱の火付け役になったこの部族に対しても、ローマは、「何もなかったことにする」で一貫したのであった。

この一連の現象には、「報復」の文字だけは存在しない。ローマ人は、「勝者の権利《ユーレ・ヴィクトリアエ》」の行使よりも、「寛容《クレメンティア》」で対するほうを選んだのである。ヒューマニズムに目覚め

たからではなく、そのほうが有効と考えたからであった。

この処置は、ケリアリスの一存で行われたのであろうか。

ローマ軍では伝統的に、前線の司令官にはほぼ無制限の裁量権が与えられていた。ハンニバルとの講和はスキピオ・アフリカヌスが一存で決めたのだし、ガリアを制覇したカエサルも、戦後処理は一存で進めている。コルブロに至っては、皇帝ネロから戦役遂行のための軍勢をまかされていながら、パルティアとの戦闘には訴えずにパルティアとの講和を決めてしまった。

ただし、これら前線の司令官の決めたことを後々まで保証する法律、つまり国策にするには、元老院の議決と市民の賛意が必要とされたのである。とはいえ、否決されることは、ほとんどと言ってよいくらいになかった。

ケリアリスは、右にあげた人々のようなローマ史上に輝く大物ではない。しかも相手は、強大な敵ではなく属州民の反乱にすぎなかった。九個軍団を投入すると決めた段階ですでに、ローマ側には勝算があったのだろう。勝算さえ明確になれば、戦後処理をどうなすべきかも明らかになってくる。

私の想像では、ケリアリスは、本国イタリアから出陣する前にすでに、ムキアヌス

から指示を受けていたのだと思う。なぜならこの同じ時期にイタリアで、ヴェスパシアヌスの皇帝位の確立に専念していたムキアヌスがとったやり方こそ、「報復」ではなく「寛容」であったからだ。

この冷徹な政治家は、敗者の処遇を誤ったがゆえに敗者に怨念《おんねん》をいだかせてしまった、ヴィテリウスの轍《てつ》は踏まなかった。そして、このヴィテリウスへの報復の一念で、ヴィテリウス側に立ったというだけで焼き払い殺しまくったクレモナの惨劇の責任者であるアントニウス・プリムスを、巧みに左遷《させん》してしまっている。報復の応酬こそが国家の自壊につながることを、熟知していた証拠である。

ムキアヌスはまた、戦場となった北イタリアの住民に対しての損害補償をすることを元老院で可決させていたが、その補償の対象にはヴィテリウス側であったクレモナの住民も入っている。「何もなかったことにする」は、本国イタリアでも実施中であったのだ。前皇帝ヴィテリウス派の人々の中で、処刑されたのは実弟のルキウス一人であった。最後まで闘った兵士たちにさえ、処刑者は一人も出ていない。

とは言っても人間は、自分自身で納得しないことは、たとえ上司からの命令であろうと巧みにはやれない。ケリアリスも、ムキアヌスの考えに同感であったのだろう。だからこそ、報復を叫ぶ配下の兵士たちを押さえられたのだし、〝裏切り者〟の軍団

兵たちも素直にもとにもどり、一度はローマに弓を引いた属州民も、再びローマの覇権を認めることを承諾し、首謀者であったキヴィリスにさえ、抵抗をやめさせることができたのである。

しかし、ムキアヌスとケリアリスに、報復よりも寛容を選ばせた理由には、これ以外にもう一つあったように思う。

それは、ローマ人自体が、バタヴィ族の反乱からガリア帝国創設に至るこの事件の真の責任は、自分たちローマ側にあると思ったからではないか。タキトゥスも、「ローマ人同士の争いの余波にすぎなかった」と書いている。一年の間に三人もの皇帝が入れ代わり、それぞれの側についた軍団兵同士が激突するという混乱が起こらなければ、属州兵の反乱も起きないで済んだのである。ローマ人が無能を示さなければ、属州民に、ローマ人怖《おそ》るるに足らず、と想わせることもなかったのだ。ガリア帝国騒動は、起こるべくして起こった事件ではなかった。この辺の事情を、ムキアヌスもケリアリスも充分に承知したうえでの「寛容《クレメンティア》」ではなかったかと思う。

だからこそ、この二人にとっての寛容と冷徹は、矛盾しなかったのである。「何もなかったことにする」で一貫したケリアリスの次の任務は、今度こそ「冷徹」が不可欠になる、同僚のガルスと協力してのライン河防衛線の再建であった。

「ライン軍団」再編成

紀元一世紀後半当時の「ライン軍団」は、ブリタニア制覇行に兵をとられていた事情もあって、一世紀前半の八個軍団から一個減り、低地ゲルマニア駐屯の三個軍団と高地ゲルマニア駐屯の四個軍団の、計七個軍団で構成されていた。

この七個中で「ガリア帝国」騒動にも無傷であったのは、現スイスのチューリッヒ近くのヴィンドネッサ（現ヴィンディッシュ）を基地にしていた第一軍団のみ。ヴィテリウスの命でイタリアに行っていたからというのが、真の理由であったらしい。同じ理由で、クサンテンを基地にしていた第五軍団も、軍団解体という不名誉をまぬがれた。この軍団の大部分もイタリアへ行っていたからで、ガリア帝国に忠誠を誓った兵士たちはごく少数にすぎなかったからである。それに、カエサル創設という栄誉に輝く軍団を、簡単につぶしてしまうわけにもいかなかった。この軍団だけは、ドナウ流域のモエシア属州に任地換えになる。もう一個軍団、解体されなかった軍団がある。マインツを基地にしていた第二十二軍団だ。この軍団存続の理由は、「ライン軍団」下の軍団長でただ一人、苦境にもめげず自らの任務の遂行に献身していた軍団長ヴォ

クラが属州兵に殺されるのを見過した罪を、以後の働きによって雪辱せよ、というのである。この軍団の銀鷲旗《アクィラ》には、以後、ヴォクラの紋章がつけられることになる。

これら以外の四個軍団はすべて、解体と決まった。残しておいては再び不祥事を起こしかねないという心配からではない。ローマの軍団兵でありながら他民族に忠誠を誓うという、不名誉な行為の責任をとらされたのである。ただし、軍団は解体したが、軍団兵を除隊させたのではなかった。新たに編成される諸軍団に、少数ずつ配置分けしたのである。他に行きどころのない二万人もの元軍団兵があふれ出すのでは、社会不安になりかねないからであった。

主戦力である軍団を補助する補助部隊のほうだが、バタヴィ族でさえも反乱以前の状態に再帰したのだから、他の属州出身の兵士たちの帰営は当然である。ただし、この分野でも少しの手直しはあった。

反乱以前には部族の有力者が自分の属す部族民から成る部隊を指揮していたのだが、これを、ローマ人の指揮官か、または他部族出身の指揮官に改めたのである。だがこれは、数年も経ないうちにもとの方式にもどってしまったようだ。やはり、不都合はあったのだ。出身地をともにする人に率いられるほうが、兵士たちのまとまりの面からも有効であったのだろう。とはいえ、すべては以前の状態にもどったにもかかわら

ず、これ以後の二百年、属州兵が軍団兵を攻撃するなどという不祥事は姿を消すのである。紀元七〇年当時の寛容路線が、有効であったという証拠でもあった。

しかし、帝国の西方ではこれほども寛容で一貫したローマ人も、帝国の東方では正反対な対処をするのである。ガリア帝国問題とユダヤ問題へのローマ人の対処は、いずれも同時期の事件でありながら、まったくの逆であったと言ってよい。その理由は、この二つの問題の性質がちがったからである。

ユダヤ問題

紀元六六年夏に勃発《ぼっぱつ》し七三年の春にマサダの玉砕で終結する「ユダヤ戦役」は、ローマ帝国内に住む属州民が覇権者ローマに反抗して起こした独立運動ということならば、バタヴィ族の反乱からはじまったガリア帝国創設事件と同じ意味をもつ。だが、両事件の内実はまったくちがった。ユダヤ戦役のほうは、起こるべくして起こった反乱であったのだ。いかに支配者ローマが善政に努めようとも、所詮《しょせん》は問題を先送りする程度の効果しかなかったのではないか。その意味では、ユダヤ在住のユダヤ人たちの起こしたローマへの反抗は不可避であり、ユダヤ人とローマ人の考え方、つまり文

明のちがいに想いをめぐらせれば、これはもう運命的な対決であったと思うしかない。

ユダヤ民族の特殊性の第一は、彼らの居住地域であるパレスティーナ一帯が、伝統的に強大国が治めるシリアとエジプトを結ぶ線上に位置することにあった。これがもしも、黒海の東岸地方でもあったならば、ユダヤの歴史はもっとちがったものになっていたにちがいない。通り道に位置しているために、シリア側からもエジプト側からも常に狙《ねら》われることになってしまったのだ。そして、今ではシリアもエジプトも、ローマ帝国の支配下に入っていた。

特殊性の第二は、彼らがすこぶる優秀な民族であることだった。支配者から見れば、優秀な民族のほうが支配しにくいのである。優秀でなければ、底辺に押さえこんでも反抗する能力も気力もないからだ。

特殊性の第三は、古代ではギリシア人にも比肩しうる、ユダヤ人の離散《ディアスポラ》傾向にあった。シリアのアンティオキアやエジプトのアレクサンドリアの一大ユダヤ人社会をはじめとして、ありとあらゆる都市にはユダヤ人の共同体《コミユニテイ》が存在した。しかも、ギリシア人とちがうところは、これら海外居住のユダヤ人と本国との関係が、実に強かったのである。具体的には、ユダヤ教徒ならばどこに住まおうと、一年に二ドラクマの奉納

金をイェルサレムの大神殿に納める義務があった。このユダヤ民族とは反対に、イタリアのギリシア植民都市の代表であったシラクサやターラントの住民が、自らのギリシアの血を意識するのは、四年に一度のオリンピアの競技会に出場するときぐらいであったろう。コリントを滅亡させてもコリントからの移住民を祖先にもつシラクサの住民は起《た》たないが、イェルサレムを滅亡させようものなら、アレクサンドリア在住のユダヤ人が起つ危険はあったのである。研究者たちは、ユダヤ在住のユダヤ人よりも、海外のギリシア系都市に住むユダヤ人のほうが、数では断じて多かったと言っている。

第四の特殊性は、ユダヤ人には、自分たち以外の民族を支配下においた歴史がないところにあった。ユダヤ人にも、ダヴィデやソロモンの時代のように独立していた時期はある。だがそれは、自国内で独立していたのであって、他国をも支配下におく帝国の創設は経験していない。しかも、その時代とて彼らの歴史では短く、バビロニア捕囚時代にまで遡《さかのぼ》らなくとも長年にわたってエジプトかシリアのヘレニズム王朝、つまりギリシア系国家の支配下にあり、ついにはローマ支配下に入ったのである。

他民族に長く支配された歴史をもつ民族は、現代人の考え方ではしいたげられた民族ということになり、同情を寄せられるのが当然という感じになっている。だが、しいたげられた長い歴史をもつということは、それゆえの精神構造の変化をもたらさず

にはおかないという、現実にも眼を向ける必要がある。
具体的に言えば、自衛本能が発達せざるをえなかったゆえと思うが、思考の柔軟性が失われてかたくなになる。また、何に対してであろうと過敏に反応しやすい。そして、過酷な現実を生き抜く必要からも夢に頼る。ユダヤ教では、救世主待望がそれに当った。

特殊性の第五は、これぞユダヤ人の特殊性の極みという感じの、宗教との関係ではなかったか。ギリシアやローマに代表される多神教の神々は、人間を守りその行為を助ける存在でしかない。ユダヤ人の奉ずる一神教の神は反対に、人間にどう行為すべきかを命じ、それに反しようものなら罰を下すことも辞さない存在である。こうであれば当然の帰結だが、多神教の民族では政治と宗教は分れているのに反し、一神教の民族では、宗教が積極的に政治に介入してくる神権政体にならざるをえない。

これに加えてユダヤ人には、バビロニア捕囚時代のような、強制的に他国に移住させられた経験があった。この人々にとって、他国に住みながらもユダヤ人のアイデンティティを保持する道は、宗教以外にはなかったのである。彼らの歴史からも、ユダヤ人の考える国家とは、神が治める国家、つまり神権政体（伊　TEOCRAZIA、英　THEOCRACY）にならざるをえなかった。

興味深いのは、ローマ人の言語であるラテン語には、神権政治を意味する言葉からして存在しないという事実だ。古代のローマ人は、人間の担当分野である政治に神が介入してくるような政体を、考えたことさえもなかったという証拠である。

しかし、神権政体を望むことでユダヤ人全体が一致していたのならば、神権政体を受け容《い》れないローマ人とは衝突しても、ユダヤ人同士の衝突は起こらなかったのである。ところが、同じユダヤ教を奉ずるユダヤ人の中でも、政体のあり方については意見が分れていた。

宗教優先を叫ぶファリサイ派と、政治重視を説くサドカイ派である。

このこと以外に、住む場所によっても分裂していた。ユダヤ国内に住むユダヤ人と、海外のギリシア系の都市に住むユダヤ人である。そのうえユダヤ国内でも、内陸部に住むユダヤ人と海岸部に住むユダヤ人、イェルサレム内でも、貧しい階層と富裕層で分れていたのだから複雑だ。

現代の研究者たちは、これらを一括して、貧困ユダヤ人はローマに対して強硬派、富裕ユダヤ人は穏健派であったと二分している。もちろん、アレクサンドリアに小さいながらも自前の店をもつユダヤ人は、ガリラヤの山野で羊を追うユダヤ人に比べれ

ば、豊かであったことは確かだろう。しかし、支配者ローマに対して強硬派か穏健派かのちがいは、富の多少によるよりも、異民族と接触したり共棲《きょうせい》したりする必要度の多少によったのではないかと思う。都市に住むユダヤ人にとってはこの種の必要度が高かったからこそ、選民思想の影響によってもともとからして閉鎖的傾向の強いユダヤ人でも、開明的にならざるをえなかったのではないだろうか。

この特殊で複雑なユダヤ民族に対してローマはどう対処してきたかについては、第Ⅶ巻『悪名高き皇帝たち』のカリグラ帝を叙述した中での「ローマ人とユダヤ人」「ギリシア人とユダヤ人」「ティベリウスとユダヤ人」「カリグラとユダヤ人」の各項に加え、クラウディウス帝を叙述した中での「ユダヤ問題」と、すでに叙述済みなのだが、それをもう一度ここでまとめれば次のようになる。

第一は、後世がヘレニズム時代と呼ぶ三百年の間支配者であったギリシア人に代わったローマ人は、それまでは被支配者であったユダヤ人の社会的地位の向上を実現し、オリエントを二分するギリシア人とユダヤ人の経済上の環境を対等に変えたことである。

フィロンのような開明的なユダヤ人が、ユリウス・カエサルからはじまったローマ

の帝政を高く評価したのもこの理由による。ローマ人にしてみれば、自分たちの帝国の東半分の経済上の繁栄は、この二民族の自由な競合によってしか実現しなかったからである。

第二は、いずれも民族としては優秀であり、それがためにとかく敵対関係に陥りやすいギリシア人とユダヤ人のどちらか一方に味方せず、両者の調停役に徹する方針であったこと。支配者ローマ人から見れば、ギリシア人もユダヤ人も被支配者であることでは同じであったのだ。第Ⅶ巻で紹介したクラウディウス帝の勅令「アレクサンドリア人への手紙」は、このローマの立場を示した好例である。

第三は、ユダヤ人の主張する彼らの「特殊性」を、それはそれとして認めたこと。これは、具体的には次の事柄になった。

㈠社会不安の源にならないかぎりにおいての、信教の完全な自由。
㈡年に二ドラクマの奉納金の、イェルサレムの大神殿への送金の継続。
㈢ユダヤ人のコミュニティ内での、死刑以外の法執行の自治。ただしこれは、帝国の東方のユダヤ人社会にかぎった。
㈣軍務やその他の、国家の公職の免除。ただしこれも、望む者には門戸は開かれていた。

㈤毎土曜の安息日の継続。

ローマ人にとっての休日は、神々に捧《ささ》げる祭日であって、一週間に一度定期的にめぐってくる休日ではない。そのローマ人にしてみれば、一週間に一度、土曜日となれば必ず仕事を休み、神に祈る以外は何もしないユダヤ教徒の習慣は奇異に映った。だがローマ人は、ユダヤ人が厳守する毎土曜の安息日を、彼らにとっての祭日と考えたのである。多神教徒のローマ人は、ローマ教以外の祭日に慣れている。それで、ユダヤ人の安息日も尊重したのだ。

帝国の首都ローマには、首都在住の貧しいローマ市民権所有者の権利として、「小麦法《レックス・フルメンティア》」によって保証されている小麦の無料配給制度があった。「パンとサーカス」のパンに当たり、後代では悪くしか評価されないが、社会福祉と選挙民対策を兼ねた政策である。

この配給は一ヵ月に一度なされるのが常例になっていたが、配給日と土曜日が重なってしまう場合があった。そうなるとユダヤ系の市民は、マルス広場の一角で行われる小麦の配給を受け取りにいくことができない。なにしろ、神に祈る以外は何もしてはいけないのが安息日なのだから。それで小麦配給の当局は、取りにこられないユダ

ヤ系市民の分は翌日まで置いておくことにし、そのように実行したのである。
五人や十人ならば、数万を相手にしなければならない当局がこのような処置を講ずるはずはない。ユダヤ教徒でいながらローマ市民権も所有しているユダヤ人が、首都ローマにさえも相当数存在したという証拠である。と同時に、ローマ人の側にも、自分たちとはちがう風習でも尊重する考えがあったということであった。

このローマ人のユダヤ人への対処は、カリグラ帝末期に一時悪化した時期を除けば、ユダヤがローマの直接支配下に入った紀元六年からの六十年間、右に述べた方針を踏襲してきたのである。ただしローマは、イェルサレムに神権政体を樹立するという一事だけは、絶対に認めなかった。認めようものなら、海外に住むユダヤ人にまで波及するのは避けられなかったからである。神権政体の樹立は認めない代わりに、ローマは、ユダヤ人の王によるユダヤの地の統治政体の実現に努めている。ヘロデ大王時代のように世俗の王権が確立すれば、神権政体志向を押さえることができたからである。

ところが、イェルサレムに神権政体を樹立することこそが、正統と信ずるユダヤ教徒の悲願であったのだ。これでは、ローマがいかに譲歩しようと解決できる問題ではない。なにしろ、「自由」という言葉の意味するところが、この二民族ではちがった。

ローマ人にとっての「自由」は、軍事力によって保証された平和と、法によって保証される秩序の中で、各人が自分にできることをやるのが自由の意味だったが、ユダヤ人の考えでは、神権政体を樹立できるのが「自由」の意味であったからだ。六十年にわたるローマの、ユダヤ人の特殊性容認の統治は、このユダヤ教徒の「自由」への悲願を埋もれ火にする効果ならばあった。だが、火は消えたわけではなかったのである。

六十年後にして爆発したユダヤ人の反乱の原因を、ユダヤ人の歴史家ヨセフス・フラヴィウスは、フェリックス、フェストゥス、アルビヌス、フロールスとつづいた歴代のユダヤ長官の悪政にあったとしている。ローマ人の歴史家タキトゥスも、次のように書いている。「ユダヤ人の忍耐はフロールスの時期まではつづいた。フロールスが長官《プロクラトール》であった時期、反乱が勃発したのである」

この四人がユダヤの長官を務めていたのは、紀元五二年から六六年までの十四年間である。この十四年間のローマの行政官の悪政がユダヤ反乱の原因であったとするならば、なぜ最も問題多いユダヤで、しかも十四年間も、ローマの中央政府は地方長官たちの悪政を許したのか。

この四人はいずれも、ネロ皇帝時代の長官たちであった。ネロは多くの面で失政を

犯したが、外政ではなかなかの見識を示した皇帝である。彼が統治した十四年間、統治末期のユダヤを除けば、ローマに対して反乱を起こした属州は一つもない。属州統治の直接の責任者である総督《プロコンスル》や司令官《レガートウス》や長官《プロクラトール》の人選でも、ティベリウスやクラウディウスが築きあげた人材のネットワークを踏襲すればよかったとはいえ、その活用ならばネロはなかなかの技《わざ》の持主であったのだ。

ただし、ネロは、皇帝の重責を一人で背負いつづけたティベリウスではなく、皇帝の仕事をまじめに果したあげくに自分までが燃えつきてしまったクラウディウスでもなかった。皇帝の責務以外のこと、例えば詩歌の自作自演とかローマの都心の緑地化のほうに、関心を寄せることの多かった皇帝である。ティベリウスならば、ユダヤ駐在の長官が失策でも犯そうものならただちに召還し、裁判にかけて厳しく責任を追及しただろう。もちろん、代わりに派遣する長官の人選は、以前よりはよほど慎重になされたにちがいない。皇帝の責務は、四頭立ての戦車を御すのに似ている。その一頭にしろ手綱さばきを誤れば、戦車は競技場の観客席に激突し、戦車も御者も粉々になるのだった。ネロには、この種の緊張感が欠けていたのかもしれない。

しかし、もしもそうであったとしても、ネロの手綱さばきの誤りがユダヤでだけ表

面化したというのも、納得がいかないではないか。しかも、四人つづけて、十四年もの長きにわたって。

この疑問に対しては、タキトゥスの次の一文が答えになるのではないかと思う。

「ユダヤ人がわれわれにとって耐えがたい存在であるのは、自分たちは帝国の他の住民とはちがうという、彼らの執拗《しつよう》な主張にある」

第Ⅶ巻でも述べたように、征服者であるローマ人は被征服者たちを自分たちと同化し、ローマ帝国という運命共同体の一員にするよう努めてきた。ギリシア人もスペイン人もガリア人も北アフリカの人々も、ローマのこの敗者同化路線に賛同し参加をこばまなかったのに反し、ユダヤ人だけが、一神教を理由に拒絶したのである。しかも、同化を拒否しただけでなく、神権政治の樹立にあくまでも固執し、その樹立を許さないローマに反抗をやめなかったのである。

ギリシア人には反ユダヤ感情があったが、ギリシア人とはちがって社会での立場でも職業でもユダヤ人とは競合関係になかったローマ人には、反ユダヤ感情はなかったのである。それが、ユダヤ人との直接の接触が六十年に及ぶという時期になって、さすがにローマ人も反ユダヤ感情をもちはじめたのではないかと思う。

ユダヤ人を嫌うようになると、ユダヤ人の行うことすべてが嫌悪《けんお》の対象に変わって

くる。タキトゥスも書くように、割礼は他の民族と区別するためであり、一神教は他の多くの神々への軽蔑《けいべつ》から生れた信仰であり、軍務や公職の拒否は帝国への愛国心の欠如を示し、人口増に熱心なのは他民族を追い抜く考えから出ており、彼らが偶像崇拝と呼ぶ人間に形をとった神像の崇拝拒否は、人間への軽蔑以外の何ものでもなく、舞踏もなく体育競技もともなわないユダヤ教の祭式は、陰気でうっとうしくて人生を絶望させる、とまあこんな具合だ。他の宗教を信ずる者との結婚を禁じていることも、ユダヤ民族の閉鎖性のあらわれと思われるようになったのである。

四人のユダヤ長官の胸中にも、この種の反ユダヤ感情がなかったとはいえない。しかもこの四人は、帝国の西方にいてユダヤ人とは無関係でいられたタキトゥスとはちがって、日夜ユダヤ人と関係をもたずにはすまない、またこのユダヤ人を治めることが任務の長官なのであった。

デモの鎮圧を課された機動隊の隊長にとっての最大の難事は、デモ隊を蹴《け》散《ち》らすことではなく、部下の機動隊員たちのコントロールにあるのではないかと思う。放置しようものなら、デモ隊の挑発によって生じた憎悪に燃え立った機動隊員は、野獣のごとくデモ隊に襲いかかるだろう。これを制御しなければならない者の手綱さばきは、

この一例でもわかるように重要なのである。

四人もつづけてユダヤ駐在の長官の統治が苛酷《かこく》なものに変わった底には、長官たちのいら立ちもあったのではないか。大事にまでは至らなかったにしろ、この時期に起こったユダヤ人の側からの反抗は、列記すればそれだけで数ページを埋める回数にのぼる。「シカリオイ」（殺人者）と呼ばれたテロ集団の暗躍は、ユダヤ全域に広がっていた。また、大神殿の再建工事が終った二年前からは、イェルサレムに大量の失業者が生れていた。神権政体樹立という大義、失業による生活上の不安、中近東ならではの猛暑とくれば、何かが起こらねばすまなかった。以前にも増す慎重さが、直接の担当者には求められたのである。だが、これら地方長官の任務の遂行を監視しつづけるに留まらず先手を打って対策を立てるには、皇帝ネロには、確固とし、かつ持続する責任感が欠けていたのである。

反乱勃発《ぼつぱつ》

埋もれ火が燃えあがったのは、長官フロールスが属州税の滞納分の代わりとして、イェルサレムの大神殿の宝物庫から十七タレントの金貨を没収したのが発端だった。

青年時代のユリウス・カエサルが海賊に捕えられたとき、海賊が彼に課した身代金《みのしろきん》が二十タレントである。一タレントは六千ドラクマに相当するので、庶民の生活水準で比べるならば、五百六十人分の年収に該当する。フロールスにしてみれば、あくまでも属州税の滞納分の代わりであったにちがいない。

しかし、問題は金額の多寡《たか》ではなかった。イェルサレムの大神殿は、ユダヤ教徒にとっての義務である年に二ドラクマの奉納先である。神に対してなされる奉納先であって、自分たちの金を預ける銀行ではない。ましてや、滞納したからといって勝手に引き出せる口座ではなかった。それなのにフロールスは、無神経を反省するどころか、暴動を起こしたユダヤ人の強硬弾圧を決行したのである。これでは、ユダヤ人の怒りがエスカレートするのも当然だった。

しかし、ユダヤ人のほうもまた、怒りを制御することを知らなかった。ユダヤ人の特質の一つは、走り出したら途中で止まることができず、行きつくところまで走ってしまうところにある。十七タレントが原因で起こった暴動は、イェルサレムからローマ勢を一掃することに向って走り出した。紀元六六年も六月に入っていた。

とはいえ、イェルサレム在住のユダヤ人ならば誰でも暴動に参加したかといえば、

実相はまったくそうではない。急進派と穏健派に分れていたのである。急進派は、イェルサレムの下層民を巻きこむことに成功していた、それまではユダヤ内陸部を荒しまわっていた「シカリオイ」たちであり、穏健派は、イェルサレムの上層部を占める人々であった。

一枚岩でなければなおのこと、急進派の行動は過激度を増す。自分たちの考えの正しさを示すためであると同時に、信念からではなく立場上穏健派に属していた人々に、もうここまで来ては先に進むしかない、と観念させるためでもある。しかもこの時期、急進派内でもさらに二分裂していたのだ。過激な行動は、まるで競い合うようになる。

暴徒を怖《おそ》れて王宮内に逃げこんでいたローマの守備隊は、命は助けると言われて降伏したにかかわらず、全員が虐殺《ぎゃくさつ》された。

穏健派の中心的存在であった大祭司は、弟ともどもテロの犠牲に倒れる。

ローマの守備兵が駐屯していたマサダの砦《とりで》は、襲ってきた急進派の手中に落ちた。北部ユダヤを統治しているアグリッパ二世が、同じユダヤ人として説得に努めたが効果はなかった。夏、そして秋、イェルサレムから発した反ローマの暴動は、ユダヤの西部へも南部にも広がりはじめていた。

カエサリアをはじめとするギリシア系の都市に住むギリシア人が、これに危機感をいだく。彼らにはもともと、反ユダヤ感情が強い。危機感によって増幅された反ユダヤ感情は、昨日までは同じ都市の住民であったユダヤ人に向って爆発した。これと同じ現象はシリアに飛び火する。エジプトのアレクサンドリアでも、ギリシア系住民とユダヤ系住民の越年の敵対感情に火がついた。ローマが最も怖れていた事態の発生だ。アレクサンドリアでは長官のティベリウス・ユリウス・アレクサンドロスが、ユダヤ人でありながら断固とした処置で対応したので大事には至らなかったが、これはもう、ユダヤを管轄《かんかつ》下におくシリア属州総督の出馬なしには、解決できない問題にまで発展していた。

シリア総督のケスティウスは、名将で聴こえたコルブロの後任者だったが、総督に就任後しばらくして病を患《わずら》い、実務は次席のムキアヌスに一任する二年が過ぎていた。だが、イェルサレムに軍団を率いていく役割は、他人まかせにすることは許されない。ユダヤ民族の特殊性を配慮してきたローマは、ユダヤ教徒にとっての聖地イェルサレムにローマの正規軍である軍団を派遣するようなことは、実に百三十年も昔に遡《さかのぼ》るポンペイウス時代にしか実行したことはないのだった。

第十二軍団とアグリッパ二世も参加した友軍を率いて南下したケスティウスは、反乱側に立った町々を攻略しながらイェルサレムに進軍した。予想されたことだが、ユダヤ側の反撃は激しかった。また、ケスティウスの指揮ぶりも、積極性を欠いていた。結局、イェルサレム最大の要塞《ようさい》と言ってもよい、大神殿の立つ丘陵部の攻略に失敗する。季節も、冬も近づいた十一月。翌年に持ちこそうと考えたのか、ケスティウスは撤退を決めた。

だが、撤退は進攻よりむずかしい。進攻するとき以上の、決然としながらも慎重な目配りが求められる。病身のケスティウスには、それをするに充分な気力が欠けていたのだろう。ローマ軍団の撤退を知って凱歌《がいか》をあげたユダヤ人が、撤退中のローマ軍を襲ったのである。ヨセフス・フラヴィウスによれば、ローマ軍団と友軍合わせての戦死者の数は、歩兵五千三百と騎兵四百八十にもなった。ユダヤ人ならずとも、ユダヤ側の大勝利と思うほうが正しい。ケスティウスは、シリアのアンティオキアの総督官邸に帰還後、まもなくして死んだ。病死だった。

ローマ軍の惨敗《ざんぱい》は、その時期ギリシアにいた皇帝ネロに伝えられた。ケスティウスの後任にムキアヌスを任命したネロは、これはもはや決定的行動による解決しかない

と判断する。シリアの属州総督の主たる責務は、今では友好関係にあるとはいえ、オリエントの大国であるアルメニアとパルティアの二国の動きを監視することにある。ユダヤ問題は、そのシリア総督の兼務を越えていると判断したのだ。ネロは、ユダヤ問題のみを担当する責任者として、ヴェスパシアヌスの登用を決めた。詩歌の自作自演でギリシア全土を〝巡業〟中だったネロだが、このようなことはきちんとやっていたのである。それも、ネロの自作自演中に居眠りしていたのが露見し、これはもう出世は望みなしと自他ともに思いこんでいたヴェスパシアヌスを登用したのだから、ネロはあっさりした性格でもあったのだ。

翌・紀元六七年春を期してはじまる反乱ユダヤ人制圧の軍事行動に、ヴェスパシアヌスが率いていくのは三個軍団と決まった。もはや、時は無駄にできなかった。シリアのダマスカスでも、ギリシア系住民とユダヤ系住民間の暴力抗争が発生していたのである。

こうして、百三十年もの間調停役に徹してきたローマも、ついにユダヤとの正面きっての対決に突入する。ユダヤ問題が、ユダヤ民族だけの問題でなかった複雑さが、決定的行動をローマにとらせた真の理由である。帝国の東方での対決関係からして、

一筋縄ではいかなかったのがユダヤ問題なのであった。

ギリシア系住民とユダヤ系住民が対立関係にある——アレクサンドリア、アンティオキア、ダマスカスをはじめとするギリシア系都市。

ユダヤ人の急進派とユダヤ人の穏健派が対立している——イェルサレム、ユダヤの内陸部。

ギリシア系住民プラス・ローマ兵とユダヤ系住民の対立——カエサリアをはじめとするユダヤ内の海港諸都市。

これらを一挙に解決にもっていくには本格的なローマ軍の出動しかなかったとは、ユダヤ人の歴史家ヨセフス・フラヴィウスの見解である。そして、このユダヤ人の歴史家によれば、ローマの本格的な反撃を前にしたユダヤ側でも、急進派穏健派合わせての迎撃体制がスタートしていた。

ユダヤ人ヨセフス

ここで、説明しておかないと話が先に進まない人物について述べておきたい。その人の名はヨセフス・フラヴィウス。『ユダヤ戦記』の著者である。名からして、ユダ

ヤ人。

紀元三七年の生れというから、皇帝ネロと同年である。父方は祭司階級、母方はユダヤ王家につながるという上層の生れで、教育も、ユダヤの知的上流階級の子弟にふさわしい完璧《かんぺき》なものであったようだ。だが、知識よりも知力で秀《ひい》でた人物であったらしく、ユダヤ教を総体験するという感じで各宗派を渡り歩いて青少年期を過ごす。サドカイ派にもエッセネ派にも接近し、砂漠での教団生活も体験し、次いではファリサイ派にも近づいていたようだ。出身階級からも知力からも、ユダヤ社会の指導層に加わるのは当然と見られていた一人である。

紀元六四年、二十七歳になっていたヨセフスははじめてローマを見る。フェリックス長官の時代に反ローマの暴動のリーダーになったという理由でローマに連行されていたユダヤ人たちの釈放を、皇帝ネロに陳情する使節団の最年少団員としてのローマ行だった。

若く明晰《めいせき》な頭脳のユダヤのエリートは、ユダヤからイタリアまでの海路の途中で立ち寄った小アジアやギリシアの諸都市、そして何よりも、これらすべてをたばねる帝国の首都であるローマを、このときはじめて自分の眼で見たのである。おそらくこの時期の体験が、数年足らずして起こるヨセフスの進路変更に、少なくない影響を与え

たにちがいない。

帝国の首都ローマに着いた後も、若きユダヤのエリートは、単なる旅行者ではいなかった。ユダヤ人の俳優の紹介で、皇帝の妃ポッペア・サビーナと近づきになった。皇妃ポッペアはローマのユダヤ人社会の保護者でもあったから、知り合いになるのもむずかしくはなかったはずだ。美しいだけでなく気のきいた女でもあったポッペアにしても、美男で知的なユダヤの青年とならば喜んで会ったろう。皇帝ネロにも会ったのか否《いな》かについては、ヨセフスは語っていない。当時のネロはローマの大火の後始末でキリキリ舞いしていた時期だから、ユダヤ使節団の最年少者となど会う暇はなかったかもしれない。いずれにしても、皇妃を通しての陳情は成功し、捕囚のユダヤ人たちも故国に帰ることが許されたのである。

ユダヤからイタリア、そしてイタリアからユダヤへの旅に要する時間からして、また季節に左右されずにはすまない海路をとらざるをえない事情からも、ヨセフスの一行が帰国したのは、紀元六六年も秋になってからと思う。そして、帰国後間もないヨセフスは、ローマ軍を迎え撃つ最前線の指揮官に任命された。二十九歳の若者にとって、その勢威を見てきたばかりのローマ帝国を敵にまわす最前線に送られるとは、どのような気分であったろう。

現実を知らない人ならば、いかようにも夢を見ることはできる。また、ユリウス・カエサルの言葉ではないが、見たいと思う現実しか見ない人ならば、自分が見たいと思うローマ帝国だけを見ていればよかった。ヨセフスは、このどちらでもなかったのである。見たくない現実でも直視する、そしてこの点では同胞であるユダヤ人よりも敵のローマ人のほうに近い、ユダヤの若者なのであった。

『ユダヤ戦記』は、このような人物が書いた、同胞の破滅の物語である。熱い想いと冷徹な観察眼の統合がもたらした、史書の傑作である。日本でも、格好の訳書が出版されている。出版元は山本書店で、訳文から小見出し、地図、図版に至るまで、編集者の山本七平氏の眼配りを感じさせる見事な翻訳書だ。山本書店からは、この『ユダヤ戦記』の他に、『ユダヤ古代誌』『自伝』『アピオーンへの反論』と、ヨセフスの著作の全集も刊行されている。亡《な》き山本七平氏には、現代のイスラエル人が理性的には重要性は認めても心情的には嫌い抜いているこのヨセフスへの関心が、よほど強かったのではないかと想像する。

ユダヤ戦役

紀元六七年五月、このヨセフスが同胞を指揮して待ちうけるユダヤ北部のガリラヤに向けて、ヴェスパシアヌス率いるローマ軍は進軍を開始した。

このときのローマ軍の「量」ではなく「質」を知った人ならば、今度こそローマは本気で出てきたと感じとったにちがいない。アンティオキア駐屯の一個軍団にユダヤのアグリッパ二世の援軍を合わせただけの、ケスティウスのときとはちがった。

主戦力の第五、第十、第十五の三個軍団は、いずれも名将コルブロがたたき直して精鋭化した軍団である。アルメニア・パルティア問題が解決した後も小アジアに駐屯していたのが、地中海の東端に沿って移動してきたのだ。

この主戦力を補助する各軍団附属の補助兵《アウジリアリス》は、軍団兵《レジョナリス》とほぼ同数。彼ら属州兵たちの出身地は属す軍団の駐屯地近辺なので、ドナウ河沿岸が前任地であった第五と第十五軍団の補助兵たちにはバルカンの出身者が多い。シリア駐屯の第十軍団の補助兵たちには、小アジアとシリアの出身者が多数を占めていた。

これに加えてヴェスパシアヌス軍には、北東ユダヤを統治するアグリッパ二世のユ

ダヤ兵からはじまって、ナバテイやアラビアの兵士たちも参戦している。彼らの王たちが、ローマと同盟関係にあるからだった。

これら全軍の総兵力は六万。言語から肌の色から食事の内容までがちがう兵士たちを率いなければならなかったのが、このときにかぎらず、ローマ軍の司令官の常ではあったのだが。軍団内での使用言語はラテン語で統一されていたが、駆り出されて参加しているアラブの兵にラテン語が通じたはずはない。ローマの皇帝に軍務の経験者が多いのも、何もあの国では軍人が強かったわけではなく、種々雑多な人間の集団を率いて戦果をあげることができるような人物ならば、軍事もまた政治をするのと同じこと、であったからである。

一方、このローマ軍を迎え撃つユダヤ軍は、ユダヤ人だけの集団だった。神権政体樹立というユダヤ人の大義が、他の民族にまでは共鳴者を広げることができなかった証拠でもある。この点でも、ローマ人対ユダヤ人の闘いは、第Ⅶ巻でも述べたように、古代社会の「普遍」と「特殊」の対決でもあるのだった。

各地から移動してくる軍団や同盟国軍の到着を待っていたために、任命から半年が過ぎた紀元六七年五月になってようやく軍事行動を開始できたヴェスパシアヌスだが、

この人の武人としての能力は、当時のローマ軍の他の司令官たちと比べても特別に優れていたわけではない。これまでの経歴を振り返っても、戦略では名将コルブロにははるかに及ばず、あざやかな戦術の駆使を得意とするブリリアントな指揮官でもなかった。とはいえ、凡庸な武将ではまったくない。慎重と堅実と持久力と健全な常識を持ち合わせていただけでも、凡人ではない。だが、これだけならば一般兵士の心までつかむことまではできないが、ヴェスパシアヌスには何とも言いようのない愛敬《シンパシー》があった。

ユダヤとその周辺（距離感を示すため、同縮尺の九州を入れた）

首都ローマからはサラーリア街道を六十キロほど北東に行ったレアーテ（現リエティ）に、紀元九年の十一月に生れている。すでに言及した

ように、生れは低い。自分で自分の道を切り開くしかなかった。

このフラヴィウス・ヴェスパシアヌスのキャリアは、ティベリウス帝の時代にはじまる。彼もまた、歴史家モムゼンの名づけた、「ティベリウス門下《スクール》」の一人であったのだ。軍団内の大隊長まで務めた後は、これまた当時のローマでは通常のキャリアなのだが、首都の選挙に打って出て会計検査官《クワエストル》に当選した。これを勤めあげた後は、按察官《エディリス》にも当選する。これも経験した後は、一時にしろ軍団生活にもどっていたらしい。そうしているうちに、ティベリウス帝が死にカリグラ帝の時代に入った。

カリグラはとかく問題の多い皇帝だったが、前任者ティベリウスの築きあげた人材のネットワークは温存した人なので、嵐《あらし》のようであったカリグラ帝の短い治世の間でもヴェスパシアヌスには影響はなかった。それどころか、カリグラ帝の治世中に、三十歳のヴェスパシアヌスは法務官《プラエトル》の当選まで果している。当時のローマでは、法務官の経験者であるということは、一個軍団の指揮をまかされる資格をもったということでもあった。

ローマは、覇権国である。そのローマには、広大な帝国の全域を防衛する責務がある。資格をもつ人材を遊ばせておく余裕はなかった。ヴェスパシアヌスも、法務官を勤めあげるやすぐ、ライン河防衛担当の第二軍団の軍団長として、低地ゲルマニアに

派遣されている。そして紀元四三年、三十四歳の彼に、ブリタニア制覇を実行に移したクラウディウス帝は、指揮下の軍団ともにブリタニアへの移動を命じた。

ドナウ河防衛線確立という当時の最前線で戦果をあげていたプラウティウスが総指揮をとるブリタニア戦線は、ブリタニア制覇へのクラウディウス帝の熱意を反映して、若手の武将たちが才能を競う場でもあったのだろう。年齢でも経験でも不足ないヴェスパシアヌスの軍事上の資質は、このブリタニアで花開く。総指揮をとる人が有能であれば、その配下の軍団長たちも戦果をあげやすい。ヴェスパシアヌスも東奔西走の活躍で、凱旋《がいせん》記章を授与されるまでになった。帝政になってからのローマでは、四頭の白馬を御す凱旋式は皇帝一人に限られていたので、軍団長クラスではその下位のまた下位の記章ぐらいしかまわってこない。だが、これを受ける身になったことの効果は大きく、紀元五一年、四十二歳のヴェスパシアヌスは執政官《コンスル》に当選した。

ただし、補欠の執政官になったにすぎない。とはいえローマ帝国は、十近くもの元老院管轄《かんかつ》の各属州に総督を派遣せねばならず、また、総督には執政官を務めてから十年の期間を置かないとなれないのが決まりであったから、執政官の大量生産をする必要があったのだ。それゆえ補欠でも出場のチャンスは確実にあり、ヴェスパシアヌスも二ヵ月ぐらいは執政官を経験したようである。そして、十年が過ぎた紀元六二年、

ヴェスパシアヌスはアフリカ属州の総督になり、官邸のあるカルタゴに赴任した。
ところが、一年の任期を終えた後は複数の軍団を指揮下におく「皇帝任命の司令官《レガートゥス・インペリアーレ》」に任命されて皇帝管轄の属州に赴任か、という時点になって、ネロ帝の詩歌の自作自演の席で居眠りしてしまったのである。ヴェスパシアヌスのキャリアもこれで終った、と自他ともに思ったのだが、この出来事の二年後にネロは、ユダヤ戦役担当の司令官にヴェスパシアヌスを抜擢《ばってき》したのだった。

紀元六七年、ヴェスパシアヌスは五十八歳、一方のヨセフスは三十歳。民族も生れも性格も年齢もちがう二人が、ユダヤの地でめぐり会うことになる。それまでは二人とも、相手の存在すらも知らなかったであろう。

六万を擁するローマ軍のユダヤ進攻は、司令官ヴェスパシアヌスの性格を反映して、着実に手堅く進められた。ユダヤ全土を絨緞《じゅうたん》爆撃でもするかのように攻略しながら南下しイェルサレムに迫るのがローマ側の作戦だが、もちろん攻略は、戦略上の要地に対して重点的に行われる。ヨセフス率いるユダヤ勢は、そのローマ軍の前に立ちふさがったことになった。

ヨセフスが少々自画自讃的に記す彼考案の戦術はなかなかのものだが、それでも奇

策の範囲を出ない。これで四十七日間もローマの本隊を釘《くぎ》づけにしたのだから、ヨセフスの自画自讃ももっともに思える。だがこれは、ヴェスパシアヌスの戦略戦術上の限界を示していたと解釈したほうが妥当ではないかと思う。奇策に翻弄《ほんろう》されて四十七日間も釘づけにされるなど、スキピオ・アフリカヌスやスッラや全盛期のポンペイウスやカエサルだったら、絶対に許さなかったであろう。

司令官次席のような立場にあったヴェスパシアヌスの長男ティトゥスも、自ら先頭に立って戦う勇将ではあったが智将ではなかった。

とはいえ、組織が完璧《かんぺき》で統率も完璧のローマ軍が相手では、奇策もいずれは種切れになる。敢闘したヨセフスとユダヤ人たちは追いつめられ、捕虜になるよりも自死を選んだ者が多く、彼らに死守が課されていたヨタパタの町も、七月二十日には陥落した。ヨセフスの記述によれば、死者四万、捕虜一千二百であったという。

しかし、ヨセフスは逃げたのである。あの辺りには多い洞窟《どうくつ》の一つに隠れたのだった。ところが、そこにはすでに先客がいた。町の長老の四十人だ。ヨセフスはこの人々に、ローマ軍に投降しようと説いた。三十歳の若さでは、死にたくなかったのだろう。また、ローマ帝国を知っているヨセフスは、所詮《しょせん》は結果が見えている反乱の犠

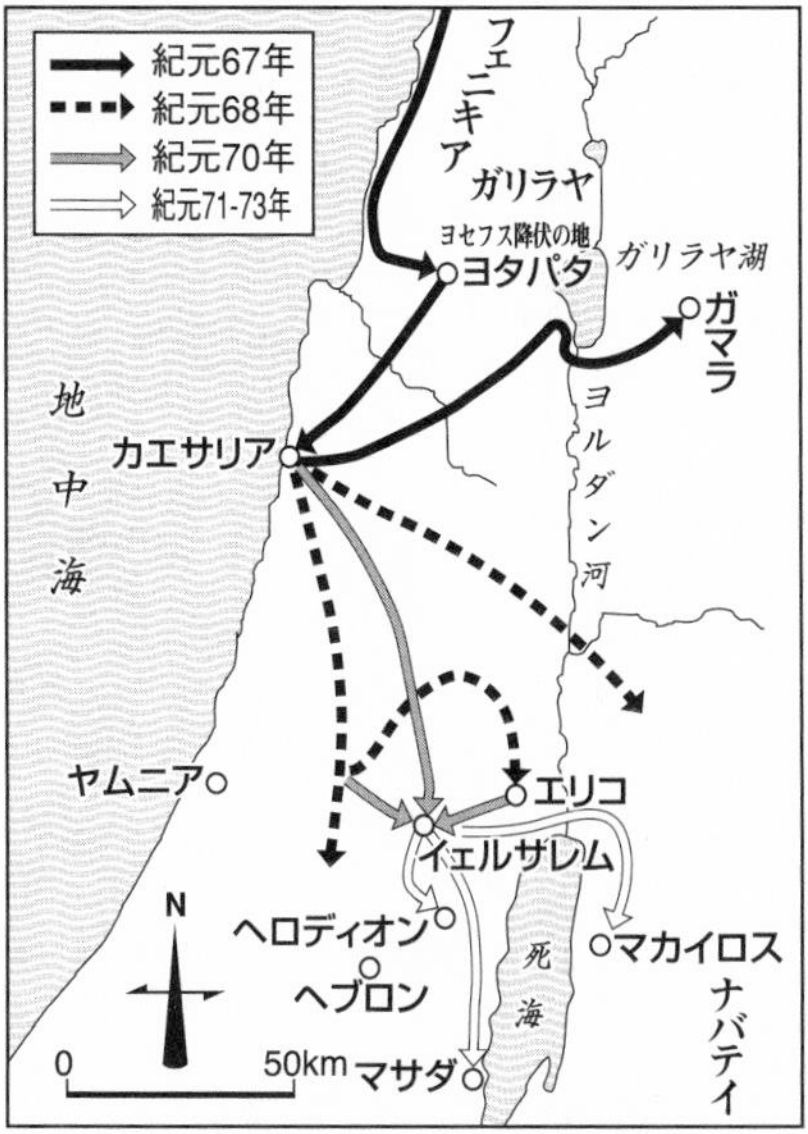

ユダヤ戦役におけるローマ軍の進路

牲にされたくなかったのかもしれない。だが、ローマ人は降伏した者の命は助けるのだからという彼の言葉にも、四十人の長老は説得されなかった。反対に彼らは、全員の自死こそユダヤ教徒にふさわしいと言い張ってゆずらなかった。

敬虔《けいけん》なユダヤ教徒がよく口にするのは、次の一句である。

「唯一神のみが、われわれの主人である。その神を奉じた政体の国家の樹立にこそ、われわれの自由は捧《ささ》げられるべきなのだ。ゆえに、この自由のないところでは、死さえも取るに足らないことでしかない」

ユダヤ教徒にとっての自死は、彼らの考える「自由」が得られない場合のごく当然の帰結なのであった。

そうこうするうちに、ひそんでいた洞窟がローマ兵に発見されてしまう。ヴェスパシアヌスからは、投降を勧める使者が送られてきた。だが、それでも長老たちの考えは変わらない。結局、くじ引きによる集団自決と決まった。最初にくじを引き当てた者が、次に引き当てた者によって殺されるというやり方だ。次々にくじを引いていって、最後に残った者が自決する。

ところが、四十人が次々と殺されて二人だけが残ったのだが、その一人はヨセフスであったのだ。これは、現代の数学者によれば、高等数学の知識を駆使すれば、二人のうちの一人に残るのは可能だという。いずれにしろ、ヨセフス自身は、次のように書いている。

「運命の神のいたずらによるのか、それとも神の御意志によるのか、ヨセフスともう一人の男だけが残った。彼は、もう一度くじを引いた結果、殺されることになるのも殺すことになるのも好まなかったので、その一人に対し、自分を信頼してともに生きのびようと説得したのである」

今度の説得は成功だった。両手をあげて洞窟から出てきた二人は、ローマの陣営地に連行された。ローマ兵たちは、自分たちを一ヵ月半も釘づけにした敵将を、憎悪《ぞうお》よりも好奇心で迎える。とくに、ヨセフスの若さが、ティトゥスにとってはショックだった。

ヨセフスと同年輩だったティトゥスは、ユダヤの反乱鎮圧を遂行中であったにせよ、反ユダヤ主義者ではまったくない。ユダヤ人でありながらエジプト長官まで務めたユリウス・アレクサンドロスには心酔していたし、アグリッパ二世の姉のベレニケを、ユダヤの王女であることなど無関係という感じで熱愛中だった。ヴェスパシアヌスにもなかったが、その息子のティトゥスにも、人種偏見は皆無であったのだ。泣く子も黙るローマ軍団を四十七日間も釘づけにしたユダヤの指揮官の若さと品格に、純朴なティトゥスは魅了されてしまったのである。ティトゥスの命令で、ローマ兵とてヨセフスの身にふれることは許されなくなった。

しかし、父親のほうは、司令官の責務を忘れていなかった。父は息子に、ヨセフスは皇帝ネロの許《もと》に護送する捕虜だから監視をゆるめてはならない、と言い渡したのである。

これを知ったヨセフスは、生涯最大の賭《かけ》に出る。捕虜のユダヤ人は、ローマの司令官と二人だけで話したい、と申し出た。ヴェスパシアヌスは、それに応ずる。ただし、息子のティトゥスとヴェスパシアヌスの友人二人が同席する席にヨセフスを招じた。身の安全のためであったろう。だが、ヨセフスには、敵方の司令官につかみかかる気など毛頭なかったのである。

予言

ヨセフスは言った。あなたはヨセフスという名のユダヤ人を捕えたと思っているだろうが、神がわたしを、あることを伝えるためにあなたの許《もと》につかわされたのです。そしてつづけた。ネロの後を継ぐのは、あなたとあなたの子孫であり、この予言の真偽を確かめるためにも、わたしをあなたの身近に留めておくべきである、と言ったのだった。

ヴェスパシアヌスは信じなかった。なにしろ、神君アウグストゥスの血を伝える母をもつネロの皇帝位は、ヨセフスがこれを言った時点、つまり紀元六七年夏の時点では、万全と思われていたからだ。それにヴェスパシアヌスの生れは低く、既成の指導者たちに代わる存在になるとは、この時点では一人として考えなかったであろう。ヴェスパシアヌス自身が、誰よりもそのようなことを考えてもいなかった。

また、その場にいた彼の友人の一人は、ただちにヨセフスに反論した。おまえに予言の能力があるなら、なぜヨタパタの住民に、町の陥落とお前自身も捕虜で終る運命を予言してやらなかったのか、と。ヨセフスは、予言はしたのだが彼らが聴き入れな

かった、と答える。

『ユダヤ戦記』のこの箇所の叙述はヨセフスの自己弁護の匂《にお》いが強いので、彼が書いたすべてが事実であったとは思えないが、ヨセフスによれば、ヴェスパシアヌスは信ずる気になったという。私の想像では、信ずる気になったというよりも、信じないからといって予言をしりぞけることまではしなかった、のほうであったと思う。

ユダヤ人ほどではなくても、ローマ人だって迷信深かった。にわとりの餌《えさ》のついばみ方がよければ、吉兆だと兵士たちは喜んだのだ。しかし、ローマの指導層は、共和政・帝政を問わず常に醒《さ》めていた。前日からにわとりに餌をやらないでおくようにと、陰では命じていたのだから。

とはいえ、ヨセフスのもくろみは成功する。ネロの許に護送される心配はなくなり、ティトゥスとなればもはや公然と、自分と同年輩のこのユダヤ人を友人あつかいにしてはばからなくなった。


タキトゥスまでが記したこの「予言」を、ヨセフスが言うように神のお告げと考えるか、それともヨセフスの打った生涯最大の賭《かけ》、と私のように考えるかは、人それぞれの解釈しだいであると思う。とはいえ、私の解釈の根拠は次の諸項にあった。

紀元六七年七月――ヨセフス、ネロの後の皇帝はヴェスパシアヌスと予言
紀元六八年六月――ネロ自死
紀元六九年七月――東方の諸軍団、ヴェスパシアヌスを皇帝に擁立
そして、紀元六七年当時の関係者たちの年齢
ネロ――三十歳
ヴェスパシアヌス――五十八歳
ティトゥス――二十八歳
ヨセフス――三十歳

ヨセフスの立場にあったならば、私でも賭に打って出ただろう。ヨセフスは、ネロの後にヴェスパシアヌスが皇帝になると予言したのであって、ネロの死までは予言していない。ネロが自死に追いこまれるようなことがなかったならば、年齢からしても、先に死ぬ可能性はヴェスパシアヌスのほうにある。そして、賭に出ない場合のヨセフスを待っていた運命は、ネロの許に送られ、悪くすれば三十の若さで殺されることになるかもしれなかったのだ。予言が的中するかしないかが判明するのも、ネロの年齢からしてもずっと先のことになる、との予測だって可能だ。ならば、やってみて悪い

ことはない。たとえ予言が的中しなかったとしても、ヨセフスには失うものはないのだった。三十歳のヨセフスは、ダメでもともとと考えて勝負に出たのではないか、というのが、私の想像である。

それにしても興味深いのは、この一年後にガルバが皇帝になったことによって、ヨセフスの予言は的中しなかったことが判明した後でも、ヴェスパシアヌスの態度が変わっていないことである。おまえの予言は的中しなかったではないかと言って、ヨセフスをもとの鎖つきの捕虜の身にもどすようなことはしていない。ガルバの登位を知ったヴェスパシアヌスは、新皇帝への支持と忠誠を伝える特使として、ティトゥスをローマに派遣した。そのティトゥスが旅先でガルバの死とオトーの登位を知るのだが、そのオトーに対してもヴェスパシアヌスは、積極的に支持はしなかったが反対もしていない。この時点では、ヨセフスの予言は、二度もはずれたのである。それでも、ヨセフスの境遇は変わらなかった。ヴェスパシアヌスの胸中には、若いユダヤ人の予言が残っていたのか。それとも、ヨセフスの出身階級と知力を、ユダヤ反乱の鎮圧に活用できると思っていたのであろうか。ヴェスパシアヌスのバランスのとれた精神からして、私には、後者のほうではなかったかと思える。

そして、さらに一年後の紀元六九年七月、ローマ皇帝がオトーからヴィテリウスに

代わったことを伝えられた東方の諸軍団は、ヴィテリウスの登位に納得せず、ヴェスパシアヌスを皇帝に擁立したのであった。

皇帝に名乗りをあげたヴェスパシアヌスは、ここにきてはじめて、二年前になされたヨセフスの予言を信じたのである。ヨセフスは釈放され、以前と同じ自由の身にもどった。だが、ローマ軍の陣営地から離れたのではなかった。ヴェスパシアヌスが離さなかったのか、それともヨセフス自身が居残ることに決めたのか。

紀元六九年七月以降のヴェスパシアヌス陣営は、すでに述べたように、各人の役割分担が明確になっていた。シリア総督のムキアヌスは、軍を率いて西方へ向う。ヴェスパシアヌスは、エジプトのアレクサンドリアで待機する。再開されるユダヤ戦役の総指揮は、ティトゥスがとる。エジプト長官のユリウス・アレクサンドロスは、このティトゥスを助けて参戦。そしてヨセフスは、ティトゥスの陣営内にあって、イェルサレム攻略に協力することになった。実際、イェルサレムにこもる同胞たちに向って、ヨセフスは降伏を説く努力をくり返した。ただし、城内からの答えは常に拒否ではあったのだが。

紀元七〇年九月にイェルサレムが陥落した後も、ヨセフスはティトゥスと行動をと

もにしつづける。その翌年にティトゥスがローマに凱旋《がいせん》したときも、ティトゥスはヨセフスを伴った。皇帝の位が確実になった段階で、ヴェスパシアヌスはこのヨセフスに、自らの家門名であるフラヴィウスを与える。以後のヨセフスの名は、ヨセフス・フラヴィウスとなった。ローマ式では家門名のほうが先にくるから、フラヴィウス・ヨセフスと呼ぶべきだが、リズム感のほうを重視して、ヨセフス・フラヴィウスと書く研究者は少なくない。いずれにしろ、ヨセフスの後半生は、帝国の首都ローマで、著作活動をしつつまっとうされるのである。

このヨセフスを、正統と信ずるユダヤ教徒は絶対に許さない。彼の著作なしには反ローマに起《た》ったユダヤの反乱はまったくわからないから著作は読むが、それを書いた人間は許さないのだ。「裏切者」が、今日に至るまでのユダヤ側からの、ヨセフスに対する評価である。

ユダヤ人でありながらローマの公職を歴任したティベリウス・ユリウス・アレクサンドロスも、ユダヤ民族にとっての裏切者とされていることではヨセフスと同じだが、この人ははじめからローマ人とともに生きる道を選んだのである。一方、ヨセフス・フラヴィウスは、いったんはユダヤ側に立ちながら寝返ったのだ。しかも、この裏切

者の著作なしには自分たちの歴史はわからず、さらにヨセフスの著作は、ラテン語とともに当時の国際語であったギリシア語で発表されたことで、ユダヤ反乱の因果関係とその経過を、ユダヤ人以外にも広く知らせる功績があったのだ。正統と信ずるユダヤ教徒でも、この事実は認めるしかなかった。ユダヤ人がヨセフスに投げつける憎悪《ぞうお》に内包された、この矛盾。いや、矛盾するからこそ憎悪も増幅せざるをえなかったのだろう。

しかし、このヨセフスの選択が示すように、また、ユリウス・アレクサンドロスの選択が示すように、そして、ティベリウス帝を誰よりも早く正当に評価した哲学者フィロンのように、ローマ世界の内でのユダヤ教徒の存続の可能性を信じたユダヤ人は存在したのである。つまり、ローマ人にとっての哲学としてもよい「普遍」と、ユダヤ人の宗教の説く「特殊」が、共存し共栄できると考えたユダヤ人は存在したのだ。現代ではまるで、ユダヤ人全員が一丸となって支配者ローマに反抗したかのように思われており、それに対して疑問をいだく人からして少ない。しかし、このような、人間社会の一面しか見ない、カエサル流に言えば「見たいと思う現実しか見ない」傾向は、ユダヤ人自身にとっても良い結果をもたらさないと思う。異なる宗教、異なる生

活様式、異なる人種であっても、ともに生きていかねばならないのが人間社会の現実である。玉砕は、後世を感動させることはできても、所詮《しょせん》は自己満足にすぎない。ヨセフスは、それに酔うことができなかったユダヤ人の一人なのであった。

戦役中断

紀元六七年五月からはじまったローマ軍による反乱ユダヤの鎮圧行は、ヨセフスが守っていたガリラヤ地方を制圧した後は、ユダヤの中央部に戦線を移動していた。だが、戦役の進行は、あざやかでもなく速攻でもなかった。総指揮をとるヴェスパシアヌスの堅実な性格の反映でもあったが、ヴェスパシアヌスがわざと、ゆっくりと闘いを進めたふしが見られる。迎え撃つユダヤ側に、ユダヤ人の性癖としてもよい分派行動が激化していたからである。

ユダヤに送られたローマ軍の任務は反乱の鎮圧であって、鎮圧が軍事的に成されるか平和的に成就《じょうじゅ》されるかの選択は、前線の司令官に一任されている。ヴェスパシアヌスは、ユダヤ側が分裂して穏健派が優勢になれば平和的解決にもっていけると考え、ユダヤ側にそのための時間的余裕を与える気でいたのだ。とはいえ、攻防戦にでもな

ればイェルサレムの敗滅は必至と思わせるためにも、ローマ軍の脅威は示す必要があった。ゆっくりとではあったが、開戦から一年が過ぎた紀元六八年の夏には、ローマの軍勢はイェルサレムを、北と西と東の三方からとり囲むまでには戦線を進めていた。

ところが、ユダヤ民族にとっては心の故里《ふるさと》でもあるイェルサレムの攻略を残すだけとなったこの段階で、突如ユダヤ戦役は中断されたのである。皇帝ネロの死が報ぜられたからであった。ヴェスパシアヌスをユダヤ戦役担当の司令官に任命したのは、ネロである。ネロの後の皇帝がヴェスパシアヌスにこの任務の続行を命じてくるまでは、停戦とすることに決めたのだ。先走りを嫌うヴェスパシアヌスらしい判断である。息子ティトゥスを新皇帝ガルバの許《もと》に送ったのも、任務続行か否《いな》かを明らかにしてもらうためでもあったのだ。なぜなら、ガルバからは、半年が経《た》つのに何の連絡もなかったからである。

しかし、ローマに発《た》ったティトゥスが旅の途上で知ったのは、ガルバの死とオトーの登位だった。そしてオトーは、皇帝に名乗りをあげたヴィテリウス派の軍への対処に専念する三ヵ月を送っただけで、歴史の舞台から退場した。結局、ローマからの回答を待っていたヴェスパシアヌスはユダヤ側に、一年半もの休戦期間を与えたことに

なる。

ユダヤ側はもちろんのこと、この期間を、防備の補強や食糧の備蓄のような現実的な防衛対策に活用した。だが一方で、攻防戦の火ぶたが切って落とされること必定の過越しの祭りの時期に、イェルサレムを訪れるつもりでいる人々に対して、戦闘必至を理由にそれを思い留まらせるようなことはしなかったのである。それどころか、過越しの祭りを例年のようにイェルサレムで過ごすことを、奨励さえした。唯一神が守るイェルサレムが、異教徒ローマの手に落ちるはずはないと断言して。このイェルサレムから立ち去ったのは、穏健派に属す人々だけだった。急進派ではなくても、神が棲《す》まう聖都イェルサレムの不沈を信じた多くの人は残ったのである。

戦役再開

紀元六九年七月、ヴェスパシアヌスが皇帝に擁立された段階で、イェルサレム攻略戦の再開は決まった。ヴェスパシアヌスの皇位を確実なものにするためにも、またすでに述べた東方全域に住むユダヤ人社会への影響からも、ユダヤ戦役は絶対に成功させねばならなかったからである。

エジプトのアレクサンドリアで待機することになったヴェスパシアヌスに代わって、イェルサレム攻略戦の総指揮はティトゥスと決まった。率いる軍勢は、これまでの戦役に参戦した第五、第十、第十五軍団に、第十二軍団を加えた四個軍団が主力になる。新たに参戦する第十二軍団は、三年前にシリア総督ケスティウスに率いられたときの撤退時に、ユダヤ勢に敗北を喫した軍団だ。ヴェスパシアヌスは、この軍団に雪辱の機会を与えたのである。主戦力の四個軍団には、停戦以前と同じく同盟諸国の兵士たちも加わる。ユダヤ北東部を統治するアグリッパ二世も、自ら参戦していた。ローマ軍は、多国籍軍で闘うのを常としている。兵力の増強というよりは、ローマの支配下にある他の国々も支配者ローマと想いをともにしているということを、迎え撃つ側に、この場合はユダヤ側に、示すためであった。

ユダヤ兵も加わった軍勢でユダヤの首都イェルサレムを攻めることになったローマ軍だが、このローマ軍を指揮するティトゥスの周囲にもまた、ユダヤ人が少なくなかった。三十歳のティトゥスが心酔していたユリウス・アレクサンドロスは、名将コルブロの許《もと》で軍歴を積んだ戦闘のベテラン。それに、ユダヤ王家からはアグリッパ二世。さらに、ティトゥスとはもはや親友の仲になったヨセフス。これでは、ローマ軍の参

謀本部が、そこに連なるローマ人もユダヤ人も区別なく、平和裡《り》でのイェルサレムの開城を強く望んだのも当然だろう。

だがそれは、時間との闘いでもあった。ヴィテリウスが殺されて唯《ただ》一人の皇帝になったヴェスパシアヌスには、首都ローマへの出発をいつまでも先送りすることは許されなかった。と言って、イェルサレム攻略を息子にまかせてローマに発《た》つわけにもいかない。経験豊富とはとても言えない若いティトゥスが指揮をとる戦闘が必要以上に長びくようであったら、エジプトからヴェスパシアヌスが駆けつけねばならなかった。ならばヴェスパシアヌス自身が総指揮をとりつづければよいように思うが、常識の人ヴェスパシアヌスには、当時のローマ帝国の混乱が、皇帝の後継者が不確定であったことにも起因していたのがわかっていたのである。自分の後は長男のティトゥス、と彼は決めていた。イェルサレム攻略戦は、このティトゥスにハクをつける意味もあったのだ。イェルサレム攻略は、早期に達成されねばならなかった。ティトゥスのハクづけに役立ち、また、皇帝として帰還するヴェスパシアヌスの本国の民への〝贈物〟となるためにも、可能なかぎり早期に成就《じょうじゅ》されねばならなかったのである。

急進派の影響力が強くなる一方のイェルサレム市内は抗戦一色、攻めるローマ側は早期の解決を期すとなれば、もはや戦端は火を噴くしかない。紀元七〇年の春、ティ

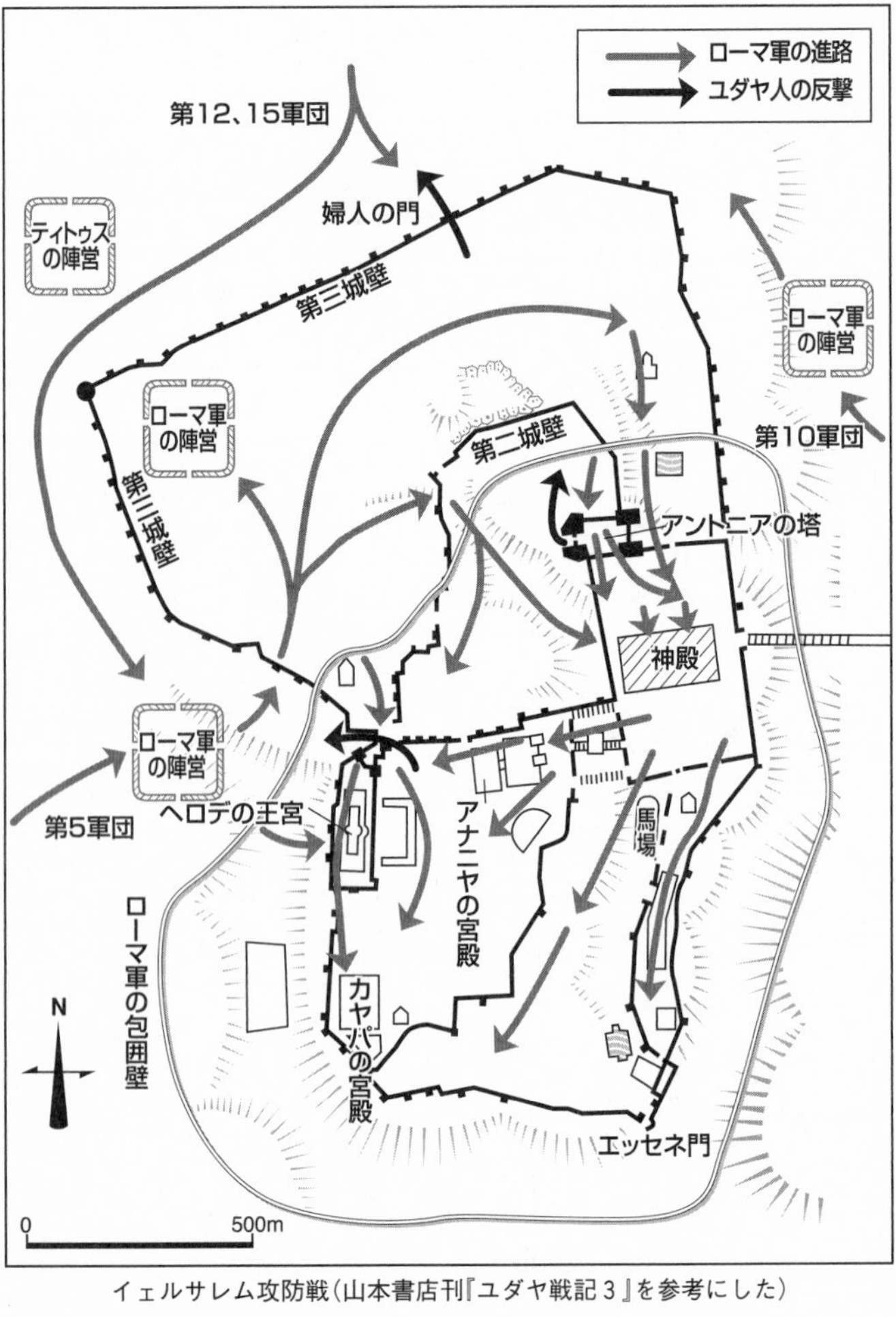

イェルサレム攻防戦（山本書店刊『ユダヤ戦記３』を参考にした）

トゥス指揮のローマの四個軍団は、イェルサレムの城壁前に陣を布《し》いた。

イェルサレムは、四辺をめぐる高い崖《がけ》の上に立つ天然の要塞《ようさい》である。ここを攻略するには、深い谷という障害のない北方から攻めるしかない。しかも、なぜローマは属州の一都市にこれほどまでに完璧《かんぺき》な防衛設備を許したのかと思うほど、イェルサレムは堅固な城壁に囲まれている。それも、一重ではない。城壁は二重三重と重なり合い、要所には、高い塔と頑丈な石壁が囲む城塞がそびえ立つ。宗教の場である大神殿すらも、二重の城壁で守られているという有様。

ローマ人が、自分たちの都市ローマは城壁なしであるのに支配下にある民族の都市には堅固な城壁を許したのは、それらの都市が帝国全体の要所を固める要塞の役割を果すからでもあった。だがその有効性も、これら被征服者たちが征服者ローマに反抗しない間、という条件がつく。反抗しようものなら、ローマ人は、自分たちが許可したおかげで堅固になったその城壁を破るために、エネルギーを消費する羽目になるのである。だがこれも、敗者同化路線を選択した以上は不可避なリスクの一つなのである。紀元七〇年のイェルサレム攻防戦も、おかげで激闘の連続になったのだった。

もちろんのことローマ軍は、慣例に従って戦闘開始の前に降伏を勧告する。彼らの言い方ならば、「雄羊が城壁に激突する前」である。雄羊《アリエス》とは城壁を打ち破るのに用いた破城槌《はじょうつい》で、これが城壁に打ちつけられる前に降伏してきた者は許され、降伏しなかった者は敵と見なして殺してもよい、というのが、ローマ軍の軍規であった。紀元七〇年の攻防戦では、勧告を聴き入れて降伏しようとしたユダヤ人は、市内の急進派によって殺された。

アリエス（復元想像図）

なぜ、ローマ人からの解放を求めることならば一致していたユダヤ人が、同胞の殺戮《さつりく》者《しゃ》に変じ、果てはマサダの要塞での集団自殺にまで至ったのか、の問いに対する答えは簡単である。

純粋を至上の生き方と信ず

る人にとって、不純ほど唾棄《だき》すべきものはない。純粋であればあるほど、少しの不純も許せなくなる。急進は、ますます急進化するしかない。神権政体樹立というユダヤ人の「自由」が許されないのならば、死しかないのだった。このユダヤ人に対しては、アグリッパ二世やヨセフスの説得も、効果がなかったのも当然である。

イェルサレム落城

イェルサレムは、五ヵ月におよんだ激戦の末に陥落した。八月十日、大神殿が炎上する。九月八日、市内での抵抗もようやく下火に。九月二十六日、抵抗はすべて終った。

犠牲者の数だが、タキトゥスは、死者と捕虜を合わせて六十万としている。だが、ヨセフス・フラヴィウスによれば、捕虜の数はユダヤ戦役の全期間で九万七千、イェルサレム攻防戦での死者は百十万にものぼったという。

その大半はユダヤ人だったが、イェルサレム在住の人は少なく、ユダヤ全土から過越しの祭を祝うためにイェルサレムを訪れていて、戦闘に巻きこまれた人々が大半であったとしている。また死者も、ローマ兵によって殺された者の数よりも、あまりに

も多くの人間が一箇所に集まり、しかも五ヵ月の間包囲されていたために起こった、疫病《えきびょう》と飢餓による犠牲者の数のほうが多かったとはヨセフスの説だ。

とはいえ、攻防戦中のイェルサレムにどれくらいの人間がいたのかは、現場証人であるヨセフスでも推測の域を出ない。彼の推定では、二百七十万はいたのではないかとなる。だが、紀元一世紀当時のイェルサレムにそれほどの数の人間が集まっていたとしたら、動くことすら不可能でなかったかと、私には思えるのだが。

いずれにしろ、犠牲者はすさまじい数にのぼったことはたしかであった。ローマ人は、降伏する者は許すが抵抗しつづける者は敵と見なす、を厳格に実行したのである。しかも、降伏の時期は雄羊《アリエス》が活動をはじめる前、であって、それ以後に降伏した者は「許される対象」に入らないとなり、戦利品同様の捕虜にされたのである。

ヨセフスによれば、捕虜の中から若く美しい男だけが選び出され、ローマでの凱旋《がいせん》式のためにとっておかれ、十七歳以上の男の一部は労役用にエジプトに送られたが、捕虜の大半は奴隷にされ、ティトゥスからの各属州への贈物になったり、円形競技場での剣闘士や野獣の餌食《えじき》になったという。十六歳以下の男子と女は兵士たちに分け与えられたから、兵士たちはそれを奴隷商人に売って、一時報奨金の代わりにしたのにちがいない。

イェルサレムの大神殿が炎上し破壊されつくした一事は、ローマ側に、ユダヤ教徒には以後、ユダヤ教の総本山をもつことは許さないという考えがあったことを示している。どこに住もうとユダヤ人の成年男子は毎年二ドラクマの奉納金を納めるシステムは廃絶しなかったが、奉納先は以後、イェルサレムの大神殿ではなくてローマのユピテル神殿に変えられた。金《かね》の流れを止めることは、流れこんでいたがゆえに高かった勢威と力《パワー》の失墜につながるからである。ただし、これは本音であって建前は別にある。以後「ユダヤ人税」と呼ばれるようになるこのユダヤ人にのみ課された税金の「建前」は、帝国全体の防衛をになう軍務を免除されている代わりに払う税、というものであった。

そして、イェルサレムにのみ存在していた大祭司長制度も廃止された。七十人の祭司で構成され、イェルサレムの自治機関であった「七十人会議」も廃止される。また、これまでは遠慮して兵を駐屯させなかったイェルサレムに、以後ローマは、一個軍団と附属の補助兵から成る一万の兵力を常駐させることになった。

これらすべては、ユリウス・カエサルからはじまったローマの対ユダヤ寛容路線が、百二十年後になって大転換したことを示している。そしてこれが、それまではギリシ

ア人とユダヤ人の間の調停役に徹してきたローマ人が、はじめて直接にユダヤ人と対決した「ユダヤ戦役」の結果であった。

ただしローマ人が、この情容赦ない厳しい処置の対象としたのは、あくまでもローマに反抗しつづけたユダヤ人に対してのみである。反抗しなかったユダヤ人に対しては、とくに海外に住むユダヤ人に対しては、以前の待遇をまったく変えていない。また、多神教のローマ人では当然だが、ユダヤ教の信仰を捨てることを強いるなどは考えもしなかった。

立てこもった人のほぼ全員の自殺によってマサダの要塞《ようさい》が陥落し、ユダヤ全土から反ローマの火がすべて消えた三年後の紀元七三年、皇帝ヴェスパシアヌスは、イェルサレムと現テルアヴィヴの間にある町ヤムニアに、ユダヤ文化の研究所の設立を許可している。ユダヤ人にとっての文化はユダヤの宗教であって、具体的には律法の書の研究である。ローマ人には、ユダヤ教を禁ずる気持はなく、反ユダヤ主義もなかったのである。

しかし、イェルサレムの陥落には、歴史的にも日々の利害の対立からも反ユダヤ感情の強かったギリシア人のほうが勢いづいた。イェルサレム落城後にティトゥスが立

ち寄ったシリアのアンティオキアでは、ギリシア系の住民が野外劇場で待ちかまえ、現われたティトゥスに、ユダヤ系住民のアンティオキアからの追放を陳情したのである。ティトゥスは、彼らを追放しても、祖国は荒れ果てており他に受け入れてくれる土地もない、と言って拒否した。だが、ギリシア系住民は引き下がらなかった。ローマが命じてユダヤ系住民の諸権利を刻記させていた、青銅板の撤去を求めたのである。ティトゥスは、これにも拒否で応じた。民族浄化思想は、ローマ人にとっては無縁の考え方であったのだ。

そして、ローマ人のケース・バイ・ケース傾向は、軍事的に制圧したユダヤに対しても発揮された。

北東ユダヤ——以前と同じくユダヤ王家のアグリッパ二世の統治ゆえ、ユダヤ人の自治地域。

ユダヤ西部に多い、カエサリア等の海港都市——ローマの役割は、ギリシア系住民とユダヤ系住民間の調停役。このやり方は、ユダヤ・コミュニティのあるユダヤ以外の国の都市でも踏襲された。

イエルサレムと内陸部の町村——住民の大半がユダヤ人であるこの地方では、ローマの直轄《ちょっかつ》統治の確立。つまり、これまでのようにシリア属州総督の部下の長官に治め

られるのではなく、ユダヤ属州総督に治められるというわけだ。

　そしてユダヤにも、帝国の他の属州と同じく、当時の高速道路と考えてよいローマ式の街道網が張りめぐらされることになった。

　これらの政策の布石を敷き終ってはじめて、ティトゥスはエジプトのアレクサンドリアに向う。春を待って、海路ローマに発《た》つためである。父のヴェスパシアヌスは、イェルサレムの陥落の見通しがついた時点ですでに、ローマに向って発っていた。イェルサレムの陥落後も、三つの城塞がユダヤ人の手中に残っていた。イェルサレムの南十五キロにあるヘロディオンと、死海の東にあるマカイロス、死海の西にそびえ立つマサダである。いずれも、イェルサレム落城時に逃亡に成功した、急進派が立てこもっていた。

　これらの要塞の攻略には、イェルサレムに駐屯させる一個軍団で充分と考えたティトゥスは、イェルサレム攻略戦に参加していた他の三個軍団を、シリアやドナウ河沿岸の前任地に帰した。なにしろ今度は、攻略を急がねばならない情況にない。それでも、ヘロディオンとマカイロスの要塞はすぐに陥《お》ちたが、マサダの攻略には三年かかった。女子供もふくめて数百でしかない籠城《ろうじょう》側に対して数千で攻めていながら三年も

要したのは、籠城側が頑強に抵抗したからだが、攻める側にも急ぐ必要がなかったからである。ローマにとっての「ユダヤ戦役」は、イェルサレムの落城で終了していたからであった。

反抗しないユダヤ人の存続は認めるが、反抗するユダヤ人を待つ運命は死か奴隷である、と明確に示した紀元七〇年の「ユダヤ戦役」によって、ユダヤ人の反ローマ運動はこの時期より半世紀の間にしろ鎮火したのである。それが再び火を噴くのは、トライアヌス帝時代の紀元一一六年。パルティアに遠征中のトライアヌス帝の背後を突いたのだからローマは怒った。このときの反ローマ運動は、ときに制圧されながらもハドリアヌス帝の時代までつづく。紀元一三〇年、この対策のためにパレスティーナを訪れたハドリアヌス帝は、ユダヤ全土を軍事的に制圧しただけでなく、これまでのローマの諸皇帝が誰一人やったことのない強硬策をとる。イェルサレムからユダヤ人全員を追放し、以後はユダヤ教徒のイェルサレム居住を完全に禁じたのだ。割礼も禁じただけでなく、犯罪者に割礼をほどこすというやり方で、ユダヤ教への蔑《べっ》視《し》を明らかにさえした。

祖国を失ったユダヤ人の各地への離散を、ユダヤ人が「ディアスポラ」と考えるの

ならば、その意味での離散《ディアスポラ》は、紀元七〇年のティトゥスによるのではなく、紀元一三〇年のハドリアヌスによって起こった事象である。五賢帝の一人のハドリアヌス帝が断行した、政策の所産である。それでもなお、このハドリアヌスも、ユダヤ教は禁じず、ローマ帝国内の諸都市に存在するユダヤ人社会に認められた、彼ら独特の慣習には手もふれなかった。ローマは、反ローマでなければ信教の自由を認める点では、終始一貫していたのである。そして、ハドリアヌス帝の強硬策が功を奏したのか、これ以後のユダヤ人の反抗はまったく影をひそめることになる。

先年、ローマのフォロ・ロマーノの南側に立つティトゥスの凱旋門の前で、ローマのユダヤ人のコミュニティによる、イスラエル建国五十年を祝う行事が行われた。ローマ帝国は滅亡したのにユダヤ人は存続しているという、意味をこめての祝事である。それをテレビニュースで観《み》ながら、私には微笑が浮んでしかたがなかった。それを祝いたいのなら、ティトゥスの凱旋門の前でなく、ハドリアヌスが建てたパンテオンの前で祝うのが妥当ではないかと思ったからである。だが、すぐに考えを改めた。舞台効果が重要であるとわかったからだ。パンテオンは、建築上の価値は別として、他民族の神でも容認する多神教の精神を現わしたものである。他民族の神を容認しない

上：ティトゥスの凱旋門(復元想像図)
左：ティトゥスの凱旋門の浮彫(もはや戦利品でしかなくなったユダヤ式燭台を掲げるローマ兵)

ユダヤ教の祝いの場としては不都合だ。ここはやはり、七本の燭台《しょくだい》をはじめとするユダヤ教徒にとっての聖物を兵士たちが肩にかついで行進する、ティトゥスの凱旋式を模した浮彫が遺《のこ》る凱旋門前で行うのが、アッピールの上でも効果大というわけだろう。キリスト教徒のほうだって、キリスト教徒の殉教の事実のないコロッセウムで、ローマ帝国に対するキリスト教の勝利を祝う法王のミサを毎年行っているのだから。

紀元前六三年のポンペイウスによるユダヤ征服からはじまり、紀元前四七年にカエサルが行ったユダヤ民族待遇改善政

策によって転機を迎え、カリグラという唯一《ゆいいつ》の例外はあったにしろアウグストゥス以降のローマ皇帝たちが一貫して踏襲してきた寛容路線も、紀元六六年からはじまり七三年のマサダの陥落で終結するユダヤ戦役によって転換を遂げる。ただし、変わったとはいえそれも、ローマ人の考えるユダヤ教徒への「寛容《クレメンティア》」の内実が、以前に比べればより明確に示されたにすぎなかった。信教の自由は認める、教義が決めるユダヤ人独自の生活習慣もすべて認める、ただしそれもローマ帝国に反抗しないかぎり、である。紀元七〇年のイェルサレム攻略も、紀元一三〇年代になって強行されることになるイェルサレムからのユダヤ人追放も、反乱

の鎮圧であって、信仰の排斥ではなかった。他者の信仰を認めることに特色をもつ多神教の民ローマ人にしてみれば、自己矛盾のまったくないやり方であったのだ。

しかし、ユダヤ教は、他者の信ずる神を認めないことによって成り立つ一神教である。この教えを奉ずるユダヤ人が、イェルサレムに住むことの可否とは無関係に、普遍をモットーとするローマ帝国内の「特殊」であることを望み、またありつづけたのはいたしかたない。ユダヤ教徒は、ローマ帝国内の異邦人であることを望み、最後まで異邦人でありつづけたのであった。

ところが、同じく一神教徒でありながら、イェルサレム陥落の少し前からユダヤ教からの分離を明確にしはじめていたキリスト教徒は、これとは異なる道を歩むようになるのである。つまり彼らは、ローマ帝国内の「特殊」ではなく、「普遍」にとって代わろうとするのだ。だがこの問題は、紀元四世紀になってはじめて表面に出てくる現象なので、その時代をあつかう巻で詳述するつもりでいる。


それにしても、紀元一世紀後半に起こったユダヤ戦役は、イェルサレム落城という劇的な事件で終ったゆえになおのこと、同時代のローマ人の関心を、ユダヤ民族に向ける効果はあったのだった。『同時代史《ヒストリアエ》』でそれをとりあげたタキトゥスは、戦役の

叙述に入る前に、ユダヤ民族の歴史をモーゼにまで遡《さかのぼ》って物語っている。戦役自体の叙述よりも、それ以前の歴史のほうにより多くのページを費やしているほどだ。反対にユダヤ人による歴史叙述では、自国民の歴史ばかりを叙述していて、「敵」であるローマに関する叙述の量は極端に少ない。これも、「特殊」を標榜《ひょうぼう》する民族の特色かと思える。

とはいえ、「敵」を知る努力は欠かなかったタキトゥスだが、ユダヤ教を、「迷信であって宗教ではない」と考えていた。迷信を辞書は、誤った信仰、と説明している。他者の信仰するものを認めてこそ正しい信仰、と確信する多神教徒のローマ人にしてみれば、他者が信ずる神は認めない一神教は、誤った信仰にしか見えなかったのだろう。

ちなみに、これより一千八百年が過ぎた紀元一八七〇年、歴史家のブルクハルトはスイスのバーゼル大学での講義で、次のように言っている。

「もしも、コンスタンティヌスからテオドシウスにいたるローマ皇帝たちが成立させた、キリスト教のみが宗教であるとした数々の立法がなかったならば、ローマ人の宗教は現代でも生きつづけていたかもしれない」

第五章　皇帝ヴェスパシアヌス

Imperator Caesar Vespasianus Augustus

（在位、紀元69年12月21日―79年 6 月24日）

ローマへの道

エジプトのアレクサンドリアから海路西に向ったヴェスパシアヌスが、本国イタリアでは東方への玄関口としてもよい南イタリアのブリンディシに上陸したのは、紀元七〇年の十月に入ってからであった。五年も顔を見ていない次男のドミティアヌスが、十九歳の若者に成長した姿で出迎えた。

六十歳のヴェスパシアヌスは、すでにこの年の一月一日の元老院会議で、「第一人者《プリンチェプス》」として承認されている。それなのに帰国を十ヵ月も延ばしたのは、公式発表では風向きの不都合にてアレクサンドリアからの出港かなわず、となっていたが、実際はイェルサレム陥落の見通しがはっきりするまで待っていたのである。軍の最高司令官でもある皇帝の地位を確実にするためにも、凱旋《がいせん》将軍になって本国帰還を果すほうが断じて有利だった。

結局、ヴェスパシアヌスのエジプトでの「待機」は、紀元六九年七月の東方軍団に

よる皇帝推挙から数えれば、一年と二ヵ月にもおよんだことになる。だが、その間彼はただ単に待機していたのではない。軍勢を率いて西方に向ったムキアヌスからは、両者をへだてる距離と当時の情報伝達速度からして頻繁にとはいかなかったにしろ、たびたびの報告はとどいていたことは確かだ。エジプトからローマの元老院に送られたその間のヴェスパシアヌスの書簡の内容が、的確な情報を手中にしていた人にしか書けないものだからである。

また、紀元七〇年の五月からはじまって九月末に終るイェルサレム攻略戦の戦況報告も、総指揮をとる長男のティトゥスから逐一受けていたにちがいない。イェルサレムからアレクサンドリアまでならば、直線にして六百キロ足らずの距離だった。

ただし、ヴェスパシアヌスという人は、何であろうと口出ししないと気が収まらないという男ではない。全権を委託されて西方に向ったムキアヌスがほぼ無限の言行の自由を享受《きょうじゅ》していたのに似て、イェルサレム攻略戦を指揮するティトゥスもまた、父からの細々《こまごま》とした指示には無縁だった。それに、三十歳の若さに加え総司令官の経験皆無というティトゥスの不利をおぎなう役で、歴戦の武人でもあるエジプト長官のユリウス・アレクサンドロスが附いている。攻めるローマ軍も、ユダヤ全土制圧に使った三個軍団にさらに一個を加えた四個軍団が主戦力。統率のゆきとどいたローマ軍団

の兵士は、二万四千でも無敵の戦闘力を誇る。天然の要害の地にそびえ立つ堅固な城《じょう》塞《さい》づくりの都市イェルサレムにたとえ百万が立てこもろうとも、ヴェスパシアヌスはその陥落を疑わなかったであろう。唯一《ゆいいつ》の問題は、時間だった。カルタゴ攻略に要した三年もの期間は、イェルサレム攻略には許されなかった。ヴィテリウスも死んで唯一の皇帝になったヴェスパシアヌスには、いつまでも本国を留守にしていることはできなかったのである。

ヴェスパシアヌスが「待機」の場所にエジプトを選んだ理由は、すでに述べたように、エジプト産出の小麦を手中に収めることで、ヴィテリウス派がこもる本国イタリアを〝兵糧《ひょうろう》攻め〟にする理由もあった。主食を輸入に頼るようになって以後の本国イタリアの必要量の三分の一は、エジプトからの輸入が占めている。ゆえにエジプトを手中にすることは、強力な武器をもったことと同じだった。だが、ヴェスパシアヌスの偉かった点は、この「刀剣」は鞘《さや》に収めたままで、それを抜き放つようなまねはいっさいしなかったことである。元老院に送った彼の書簡中でも、このことについては匂《にお》わせてもいない。無言の圧力を与えるだけに留めたのだ。しかし、タキトゥスもこの「武器」については言及している事実が示すように、当時のローマ人にとっては説

明の要もない、無言の脅しであったことは確かだろう。それに人間は、有言の圧力には反撥《はんぱつ》しても、無言では反撥しようもないではないか。生粋《きっすい》の武人としか思われていなかったヴェスパシアヌスだが、人間心理の洞察力でもなかなかの巧者であったのだ。

待機期間中にヴェスパシアヌスは、これらに加えて、ある一つのこともやったのである。それは、ローマのある西方《オチデント》でならばやる必要もないことなのだが、東方《オリエント》では無視できない効力を発揮するパフォーマンスになるのだった。

ある日、ヴェスパシアヌスの前に、盲人が一人といざりが一人連れてこられた。彼らが言うには、自分たちの障害を治してもらおうとエジプト古来の神を祭る神殿に参ったら神のお告げがあり、それは、ヴェスパシアヌスのところに行って彼にさわってもらえというものであったという。だから、障害のある箇所にふれてくれというのが、彼ら二人の願いであった。

ヴェスパシアヌスは、奇跡などはほとんど信じない、現実的なローマの指導者の一人である。二人の願いを聴きとどけるには、精神的にも抵抗があったろう。だが、周囲はしきりにすすめる。迷信だからと追い返すのも、利口なやり方ではなかった。ローマ皇帝は、帝国の東方の人々にとっても皇帝であったのだから。困惑をもてあましながらにしても、さわりはしてやったのである。そうしたら、彼が手をふれたとたん

に盲人の眼は開き、いざりは立ちあがって歩き出したのだった。奇跡だ、と周囲は歓声にわき、当の二人は感謝もあらわにヴェスパシアヌスの足を接吻《せっぷん》でおおった。もちろんのことヴェスパシアヌスの〝奇跡〟は、エジプト中に広まりパレスティーナにも広まり、シリアのアンティオキアですらも話題になったのである。

誰かが演出した、日本でいう〝やらせ〟だと思うが、これより四十年ほど前にイエス・キリストが行った奇跡も、盲人に視力を回復させ、いざりに立ちあがらせるのではなかったか。奇跡も、内臓の病を治すなどというのでは不適当なのだろう。快癒のパフォーマンスも、はっきりと誰にも見えるたぐいでないと効果は見込めないにちがいない。ローマ皇帝ヴェスパシアヌスも、イエス・キリスト並みの奇跡を行ったことになる。

しかし、同じくローマ帝国に属そうとも、西方《オチデント》は東方《オリエント》とはちがった。西方では、視力を回復した盲人や歩けるようになったいざりを見せられても、好奇心を満足させる程度の効力しか発揮しない。西方《オチデント》は指導者に、超能力ではなく人間の能力を求めるのである。つまり、自由な生活を享受しながらの平和と秩序の維持を求めるのだ。イタリア本国に帰還して以後のヴェスパシアヌスには、奇跡を行う必要はなくなったが、もしかしたらそれ以上に困難な、内乱後の帝国の再建という責務が待っていたのである。

帝国の再建

それにしても、ヴェスパシアヌスは幸運に恵まれていた。バタヴィ族出身の補助兵《アウジリアリス》の反乱からはじまってガリア帝国創設にまでエスカレートしたライン河防衛線壊滅の不祥事も、秋を待たずに解決していた。四年前にユダヤの地で起こったユダヤ民族の反乱も、そのクライマックスであるイェルサレム攻略戦は五ヵ月で片がつき、早船で伝えられた落城の知らせは、アッピア街道を北上して首都に向う途中で早くも、ヴェスパシアヌスにもたらされていただろう。帝国の西方のライン河と東方のユダヤの二箇所で起こり、ローマ人の心配の種になっていたこの二事とも肩から荷を降ろした状態で、ヴェスパシアヌスは首都入りすることができたのである。

また、このヴェスパシアヌスが本国を留守にしていた間にムキアヌスが行った諸政策も、見事というしかなかった。その間の十ヵ月、事実上の皇帝を務めたのはムキアヌスであったのだ。

このムキアヌスが決行した事柄を列挙していくと、次のようになる。ただし、特筆

すべきは、これらを彼は優先順位に従って一つ一つ片づけていったのではなく、すべてを同時にスタートさせた点である。同時にスタートさせねばならない理由はあった。なにしろこれらすべては、解決の優先順位がつけられないくらいの重要事項であったからである。

その第一は、帝国の西方に駐屯する全軍団を総結集するという感じで召集した九個軍団を、ガリア帝国創設を旗印にしたゲルマン系ガリア人の反乱の鎮圧に投入したことだった。英断と言ってよい決断である。だが、この英断によって、反乱勃発《ぼっぱつ》から数ヵ月で、ライン河防衛線の壊滅状態からの脱出に成功したのである。もしもこの対策が、ヴェスパシアヌスの帰国まで持ちこされていようものなら、反乱の首謀者ユリウス・キヴィリスに同調する動きは、ライン河の西方にも東方にも広まっていただろう。少なくとも、ゲルマン系ガリア人の住むライン西岸部とライン東岸部（現代のオランダとドイツ全土）には波及していたことは確かである。そうなってはローマ帝国は、百三十年昔のカエサルの時代と同じ状態にもどり、自国の防衛線確立のためにも、再びゲルマン民族と全面対決しなければならないことになっていたのだった。

紀元六九年から七〇年にかけての情況では、主戦力である軍団兵のみで固めた九個軍団五万四千の投入までは必要なかったかもしれない。しかしムキアヌスは、大軍を投入して一挙に解決にもっていく戦法をとった。戦闘状態が長びけば長びくほど、敵側にも味方の側にも憎悪《ぞうお》の感情が増幅しないではすまない。反対に、短期間に解決すればそれが避けられる。そして戦後の処理や対策も、怨念《おんねん》に邪魔されることなく理性的に行えるのだった。

ローマの武将たちの多くに共通する特色は、武人らしい見栄《みえ》、ないしは虚栄心に無縁であった点である。彼らは、少数の敵を多数で攻めることに何のためらいもなかった。多勢で攻めるのは、解決を早めるとともに敵味方双方の犠牲を少なくするためでもあったからである。五百人程度が守るマサダの要塞《ようさい》を攻めるのに十倍の兵力を投入したことを軽蔑《けいべつ》する人がいたならば、それはローマの武人の精神《スピリット》を知らない人である。ローマ軍の戦法は、ユリウス・カエサル著の『ガリア戦記』にも見られるように、兵力や兵器や兵糧《ひょうろう》補給のような確定要素を整えることからはじまる。その後で、わが軍は個々の兵士の士気の面でも優勢であった、と言う。つまり、精神力のような非確定要素は最後にくるのだ。第二次大戦当時の日本軍では、この非確定要素が第一位にきた。敗れたのは当然の帰結である。

ゲルマン系ガリア人の反乱をいち早く解決した後での処置も、見事であったというしかない。すでに述べたように、「何もなかったことにする」で一貫したからだ。反乱の火つけ役であったバタヴィ族でさえ、降伏後の処置は反乱前と不変、となったのだから徹底している。ガリア帝国に忠誠を誓うという反国家的行為を犯したローマ軍団兵たちも、不問とされたのはまったく同じ。そして、この寛大な処置の理由を、ローマ側は明快にしていた。ローマ人自らが起こした皇帝位をめぐって争うという不祥事の余波であるから罪は問わない、とがその理由であったのだ。

これは、自分たちの非を認めたということである。相手の力を認めざるをえなかったがゆえの妥協ではない点が重要だ。こうして、バタヴィ族もガリアの属州民も、そしていったんはガリア帝国に忠誠を誓ったローマの軍団兵も、罪の意識から解放された状態でローマ帝国の傘の下にもどれたのであった。

敗者になったヴィテリウス側の人々に対しても、「何もなかったことにする」のやり方は貫かれた。第一次ベドリアクム戦の後の敗者の処遇の誤りが第二次ベドリアクム戦になったことを、ムキアヌスは忘れていなかったのである。ヴィテリウス側で犠牲に供されたのは、軍を率いて抗戦した弟とまだ少年の息子の二人のみ。ヴィテリウ

スの家族や親族で、追放刑に処された者はいない。元老院内のヴィテリウス派も不問。ヴィテリウスが配下のライン軍団の軍団兵たちを抜擢《ばってき》して編成した近衛軍団の兵士たちも、解雇された者はいなかった。

ただし、近衛軍団《プレトリア》は本国イタリアに置かれた唯一《ゆいいつ》の軍事力である。これが、前皇帝ヴィテリウスを支持していた兵士たちで固められたままで置くわけにはいかなかった。それでムキアヌスは、ヴィテリウスが十五個大隊一万五千に増強した近衛軍団を以前の九個大隊九千にもどすという理由をあげて、少数ずつを帝国の各防衛線担当の諸軍団にふり分けたのである。それゆえにこれだけは、一気に解決にもっていくというわけにはいかなかった。少数ずつを何度にも分けて軍団兵にもどす作業を行うのと、九個大隊九千の全員をヴェスパシアヌス支持の兵士に入れ替える作業は、二つともが同時進行したようである。そして紀元七一年、ユダヤ戦役を終えて帰国したティトゥスが凱旋《がいせん》式を済ませたところで、この皇帝の息子を近衛軍団の長官に就任させる。

近衛軍団の長官は代々、ローマの社会では元老院階級に次ぐ第二階級とされている「騎士階級《エクイタス》」の出身者が就くのが慣例であったのだから、多くの権限を父と共有することでほとんど共同皇帝と言ってもよい地位にあったティトゥスの就任は、明らかに降格人事だった。だが、ヴェスパシアヌスもムキアヌスも、実利のほうを重視したの

である。そして、反感も怨念も生じさせないことを優先したうえでの近衛軍団からのヴィテリウス色一掃は、支配者交代時には生じやすい社会不安の種をとりのぞく結果にもなった。くり返すが、近衛軍団《プレトリア》のもつ真のパワーは兵士の質でも数でもなく、首都に兵舎をもち、本国イタリアにある唯一の軍事力という一点にあったのだ。

敗者の処遇を誤らなかったムキアヌスは、内乱で被害を受けた市町村や個人への損害補償でも、勝者敗者の区別をしていない。戦場になったポー河流域、勝った兵士たちの無秩序な進軍の通り道に当ってしまったフラミニア街道沿線の町々、そして、ヴィテリウス軍の半年近くもの居坐りに耐えねばならなかった首都ローマの市民たち。補償を求める地方自治体や個人の数も補償の額も相当なものになったにちがいない。ムキアヌスは、この問題のみを担当する委員会の設立を、内乱終了直後の紀元七〇年一月に早くもスタートさせている。三人もの皇帝が入れ代わった紀元六九年の内乱は、本国イタリアが戦場になった点に特色があった。その損害の補償も、ヴェスパシアヌスの皇帝位の確立に影響しないではすまない本国の民、つまり有権者が相手だけに、早急に完了する必要があったのである。

これらと同時にムキアヌスは、内乱の余波を受けて炎上したカピトリーノ丘上のユ

ピテル神殿の再建工事も早くもスタートさせている。ローマの神々の中でもユピテル（ギリシア語ではゼウス）は最高神とされ、この神に捧《ささ》げられた神殿は、ローマの歴史を通じて、凱旋式を挙行する名誉を与えられた凱旋将軍が感謝の祈りを捧げる場所でありつづけたのだ。つまり、華麗な凱旋式の最後は、カピトリーノ上のユピテル神殿での厳粛な祈りで終るのが決まりだった。白馬四頭の引く戦車を御して凱旋行進の間中、群衆の喝采《かっさい》を満身に浴びた凱旋将軍も、カピトリーノの丘に登り最高神ユピテルの神殿前に着くや戦車を降り、白い大理石づくりの階段に緋色《ひいろ》の大マントを長くひきながら、ただ一人で神殿につづく階段を登って行くのである。これほどの敬意を捧げられてきたユピテル神殿が、他でもないローマ人の放った火矢によって全焼したのである。遠く離れたライン河地方の属州民までが、神々さえもローマ帝国を見離したと思いこみ、それで一気に「ガリア帝国」の創設まで進んでしまったくらいなのだ。迷信深い庶民の帝国の将来への不安は、早急に一掃する必要があった。ユピテル神殿の再建工事は、皇帝の帰国も待たずに着工する。帰国したヴェスパシアヌスも、石材を背負ってカピトリーノの丘に登る工事人夫の列に加わった。

ローマ帝国の西方と東方では、最高指導者が人々の敬意と好意を得るために行うパフォーマンスも、このようにちがうのである。東方では奇跡が効果あるが、西方では

工事人夫のまねのほうが効果がある。東方《オリエント》の人々が、石材を背負って人夫の列に加わる皇帝を見たとしたら、どのように反応したであろうか。

とはいえヴェスパシアヌスも、すべてがムキアヌスの配慮どおりに進んでいた本国に帰還して以後、人夫のまねばかりをしていたのではなかった。西方の人々も最高指導者に、超能力ではなくても最高指導者としての責務をつくすことは求めたからである。

それにしてもヴェスパシアヌスの幸運は、ムキアヌスというかけがえのない協力者を得たことにあった。

その理由の第一は、ムキアヌスが十ヵ月の間に行った諸政策が、皇帝としての本格的な統治をはじめるヴェスパシアヌスの肩の荷を軽くしたことにつきる。

第二は、ムキアヌス自身の身の処し方にあった。ヴェスパシアヌスの本国帰還を境にして、この無二の協力者は、自分の任務は終ったとばかりに、ヴェスパシアヌスに完全にバトンタッチして引き下がったのではない。かと言って、執政官《コンスル》の地位を求めたのでもなかった。執政官よりも上位の官職とされていた財務官《ケンソル》に皇帝とともに就任するという、クラウディウス帝時代のヴィテリウス(皇帝になったヴィテリウスの実父)のような栄誉も求めていない。現職皇帝とともに就任することから常よりは権威

も権力も高まる執政官や財務官の地位は、帝権の世襲を決めたヴェスパシアヌスの意を汲《く》んで、ヴェスパシアヌスの息子二人に譲っている。もしもムキアヌスが強いてそれらを望んでいたならば、ムキアヌスの協力なしにはヴェスパシアヌスの皇帝就任は実現しなかった以上、帰還したヴェスパシアヌスも断われなかったであろう。ムキアヌスがこの二官職に就任していないという事実は、彼自らが望まなかったと考えるしかないのである。

とはいえムキアヌスは、ヴェスパシアヌスの帰還を境に完全に身を引いたのでもなかった。公職には就かなかったが、初代皇帝アウグストゥスにとってのマエケナスのような存在として、つまり何でも相談できる私的顧問のような形で、ヴェスパシアヌスの治世の前半を助けたのである。後半になると、彼の消息は聴かれなくなる。少しずつ、ヴェスパシアヌスに対する息子ティトゥスの重要度が増したからだろう。

このムキアヌスには地理をあつかったいくつかの著作があって、現代でもそのほんの断片だけならば遺《のこ》っているが、研究者たちの意見は、独創性でも文章力でも平凡な作品、で一致している。

だが、平凡な著作をものした人物ならば能力も平凡であったとはかぎらない。実務能力でも文章力でも超一級であったカエサルのほうが例外なのであって、超一級の実

務者であったアウグストゥスでも、文章力となると微笑を禁じえない程度でしかなかったのだ。文章を書かせたらヴェスパシアヌスも、凡作の著者に名を連ねていたかもしれない。とはいえ、ネロ死後のローマ帝国を巻きこんだ混乱の収拾者であるヴェスパシアヌスとムキアヌスは二人とも、一級の実務者であったことは確かだった。

内乱という傷を負ったローマ帝国の再建を課されたヴェスパシアヌスだが、この重責も、内乱を収拾してローマ人全体を再び統合するという責務では同じでも、アウグストゥスがそれを決行した当時に比べればよほど容易ではあったのである。

初代皇帝アウグストゥスの統治には常に、帝政というローマ人には馴《な》じみのない統治システムをローマ人に飲みこませるという困難がつきまとった。一方、第九代の皇帝となったヴェスパシアヌスは、この面での苦労はしないですんだのである。この百年の間にローマ人は、はじめはしぶしぶ飲み下した「薬」が、実は大変な効果を産んだことを理解していたのだった。現代風に言えば、帝政に対するコンセンサス、その語源であるラテン語で言えばコンセンスス（Consensus）は確固としたものになっていたのである。それゆえに、ローマ帝政の危機とは、皇帝統治システムの危機ではなく、皇帝になった各人のその職務に対する適格度によって生ずる危機であったのだ。

ヴェスパシアヌスが背負うことになった帝国再建という課題も、それゆえに、新体制の創造には欠かせないカエサルの先見力も独創力も必要なく、新体制の確立を課されたアウグストゥスのような超一級の政治力も必要としなかった。責任感が確固としていれば、充分に遂行可能な課題であったのである。そして、この種の課題を解決していくには、健全な常識があればよかった。独創的でもなく抜群の能力の持主でもなかったヴェスパシアヌスを一言で評すれば、「健全な常識人」につきる。だが、ローマの帝政も一世紀を経たこの時期、いかなるシステムも避けられない制度疲労に似た危機を克服するには、健全な常識にもどって再出発するのが最良の方策であったのだ。紀元七〇年当時のローマはまたも、時代の要請に応《こた》えるに適した指導者をもったことになる。

そして、健全な常識の持主ならば、過去はすべて決別すべき、であるとは考えない。皇帝となったヴェスパシアヌスの公式の名はインペラトール・カエサル・ヴェスパシアヌス・アウグストゥス（Imperator Caesar Vespasianus Augustus）となる。カエサルがはじめアウグストゥスが確立したユリウス・クラウディウス朝は、ネロを最後に崩壊した。しかし、カエサルが青写真を描きアウグストゥスが建設したローマの帝政ならば、フラヴィウス朝の創始者のヴェスパシアヌスに引き継がれたのである。そし

て、これより以降、皇帝が誰に代わろうとも、ローマ帝国皇帝の公式名には、「カエサル」と「アウグストゥス」が加わるのが慣例になる。皇帝不適格者は排除しても、皇帝統治システムは継続するというローマ人の考えの、反映以外の何ものでもなかった。このヴェスパシアヌスの皇帝としての第一声は、アウグストゥスとティベリウスとクラウディウスの政治を継承する、である。歴史家タキトゥスによってティベリウスとクラウディウスは悪徳皇帝として一刀両断されるのだが、そうは思っていなかったローマ人が多かったことを示している。とはいえ、カリグラ、ネロ、そして次々と入れ代わったガルバ、オトー、ヴィテリウスの名はあげていない点にも注目してほしい。これらの皇帝たちは、同時代人からも皇帝不適格者と思われていたのだ。

ヴェスパシアヌスの治世は、彼が東方軍団の兵士たちによって皇帝に擁立された紀元六九年七月一日からはじまるとされている。だが、これまでに述べた種々の事情から、実際の統治は七〇年の十一月からはじまったと考えるべきだろう。そして、死を迎える紀元七九年の六月までが彼の親政の期間になった。ヴェスパシアヌス、六十一歳から七十歳までの時期である。辺境の軍団基地生活しか知らなかった武将が、広大な帝国の全域を視界に入れねば任務を遂行できない、政治家に変貌《へんぼう》した歳月になる。

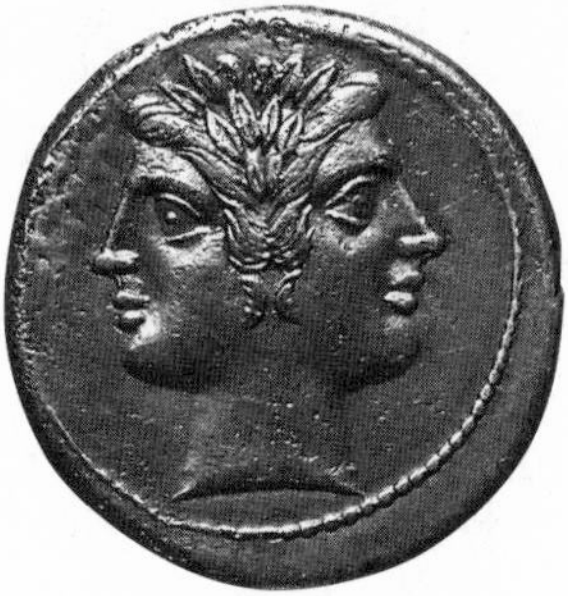

戦いの神ヤヌス

この軍団たたきあげの皇帝がかかげた目標は、平和と秩序であった。秩序が乱れれば平和の維持も危うくなるから、何のことはない「パクス・ロマーナ」（ローマによる平和）をあらためて旗印にしたにすぎないのだが、一年半とはいえ内乱を経験した後だからなおのこと、ローマ人たちの同意を獲得するのも容易であったのだ。

彼はまず、ヤヌス神殿の扉を閉めさせた。この双頭で現わされる神を祭る神殿の扉が開かれていればローマは戦争状態にあることの表示であり、閉じられれば平和が戻ってきたことを意味する。ローマ人ならば、わざわざ説明されなくても理解できることであった。

人間ヴェスパシアヌス

ヴェスパシアヌスは、「平和のフォールム《フォールム・パーチス》」の建設も発表し、ただちに着工させた。「フォールム」（Forum）とは、現代にも遺るフォロ・ロマーノの遺跡でもわかるよう

に、政治、経済、行政という国家運営に必要な機能を一箇所に集めた地域の総称である。ローマ時代の都市ならばどこにでもあるのだが、「フォールム・ロマーヌム」とは「ローマのフォールム」の意味で、帝国の中枢《ちゆうすう》と言ってよかった。

だが、国家ローマの統治地域の拡大につれて、共和政時代ならば充分であったフォロ・ロマーノだけでは足りなくなる。それでカエサルが、フォロ・ロマーノに接したその北辺に「カエサルのフォールム」を建設し、アウグストゥスも、そのさらに北に「アウグストゥスのフォールム」を建設して、国家運営に必要な機能を集めた場所を拡大したのである。第V巻でも述べたように、カエサル創案になる「フォールム」は、言ってみればミニのフォロ・ロマーノである。フォロ・ロマーノ同様に、神殿もあり裁判や経済活動に使う会堂《バジリカ》もあり、ギリシア語とラテン語の書籍（当時は巻物状）も集めた公立図書館もありという具合だ。エセドラと呼ばれた半円形の一角では私塾も開かれていたから、都市生活に必要な多くを提供する場でもあった。

ヴェスパシアヌスの「平和のフォールム」も、機能ならばカエサルやアウグストゥスのフォールムと同じ目的にそって造られている。最高指導者が市民に提供する、公的生活の場所という意味でも同じだった。ローマでは、公共建築にはそれを建てさせ

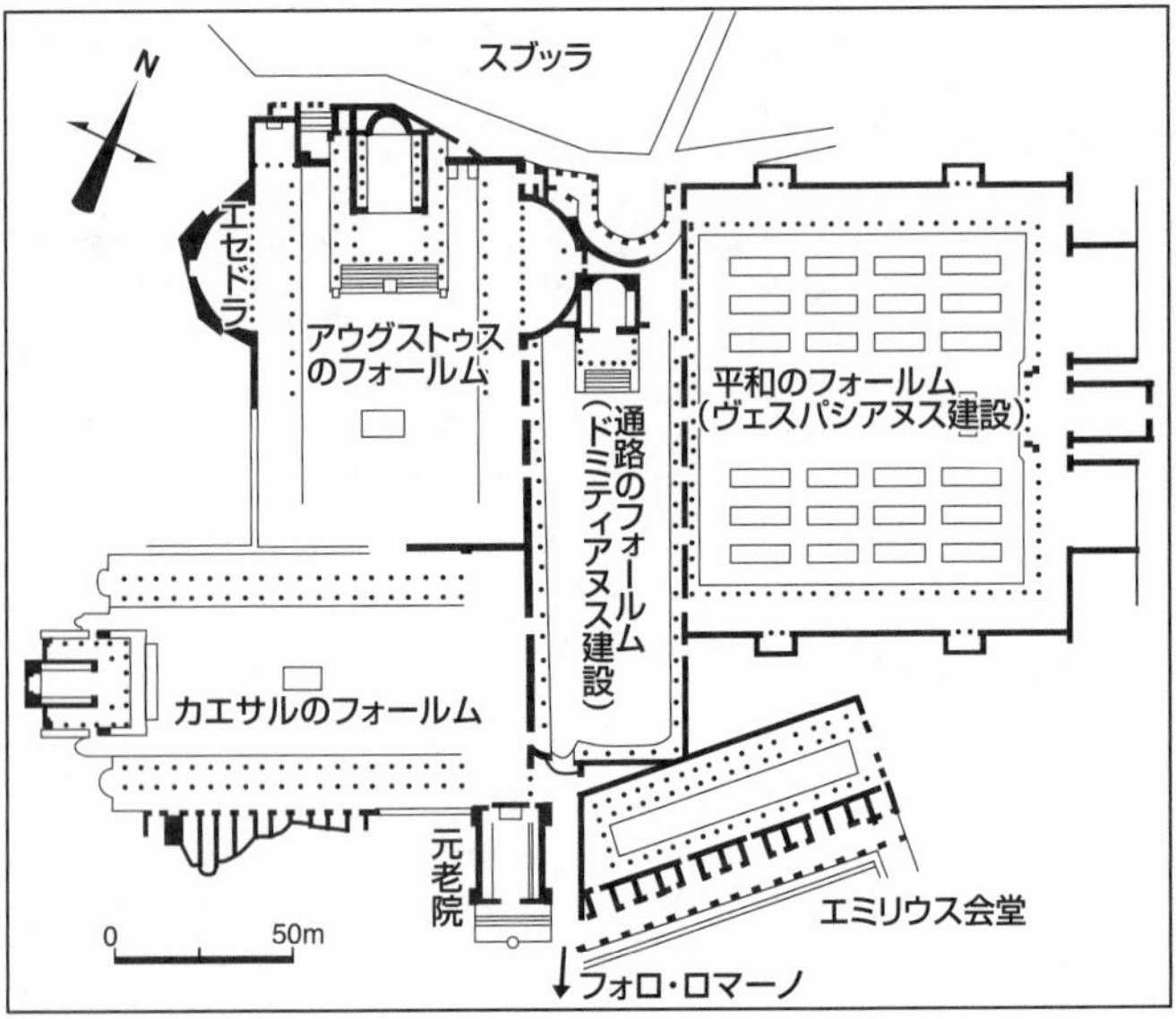

ネルヴァ帝時代（紀元96-98年）の「皇帝たちのフォールム」

た人の名を冠するのが通例であったので、「ヴェスパシアヌスのフォールム」と名づけたとて、誰も非難しなかったであろう。だが彼は、それをせず、「平和のフォールム」と名づけたのである。平和の再復とその維持が、皇帝になった自分の最高目標であることを、広くアッピールしたいがゆえであった。

ただし、「ヴェスパシアヌスのフォールム」と名づけなかったのには、もう一つ隠れた理由があった。地方出身の、しかも既成の指導者階級の生

れではない彼は、首都出身で名門貴族のカエサルや、そのカエサルの養子になったアウグストゥスのような〝貴種〟ではない。誰もが納得する「神君」二人のフォールムの隣りに自分もフォールムを建設するのはよいとしても、それに神君並みに自らの名を冠すのは遠慮したのである。

とはいえ、ヴェスパシアヌスは、自らの低い生れを恥じていたわけではない。皇帝になった彼に、進言した人がいる。ヴェスパシアヌスの出身地のリエティの近くに、男神ヘラクレスが訪れた地というのがあり、そこには庶民が参拝する祠《ほこら》まであったのだが、このヘラクレスの血を引いているとヴェスパシアヌスも言ってはどうか、と進言したのである。ローマの建国にも遡《さかのぼ》る名門貴族のカエサルは、トロイの落城時に脱出しイタリアに逃げてきたがゆえにローマ人の祖ということになっていたアエネイアスの血筋につながり、それゆえにアエネイアスの母の女神ヴィーナスの血を引くとしていたのは周知の事実だった。独裁者スッラも、ヴィーナスの血筋を公言していた一人である。ヴェスパシアヌスとて、ヘラクレスの血を引いていると言えば、庶民は信じたかもしれない。だが彼は、常識の人であった。進言は、大笑いとともに葬《ほうむ》られた。もしも容《い》れていたら、元老院議員たちから冷笑の的にされていただろう。

ヴェスパシアヌスは、頑丈な身体の上に充分にふくらまなかったパンのような顔がのっている、一見しただけでも庶民的な容貌《ようぼう》の持主だった。その自分に似合わないことは、彼は何一つしなかった。華麗な宮殿を建てることもしなかったし、完成はしていなくても華美な内装は残っていた、ネロ建設のドムス・アウレア（黄金宮殿）には足も向けなかった。妻はユダヤ戦役中に死んでいたので独身だったが、妃を迎えようともしなかった。愛人はいたが、それもローマの上流の女ではなく、幼なじみの元奴隷。この女を皇妃にすえようとしなかったのはもちろんだが、公務であろうと何であろうと口出しすることを許さなかったのである。日常生活も、質素のままでつづけた。彼の誇りは、皇帝になっても兵士でありつづけることにあったのだ。皇帝に会う人は事前に武器を隠しもっているか否《いな》かを調べられるのが普通だったが、ヴェスパシアヌスはこれを廃止させた。

立居振舞も洗練からはほど遠く、当時の教養の代名詞でもあったギリシア語は解したようだが、聴く人を感嘆させる弁論の使い手でもなかった。ただし、この田舎者丸出しの皇帝には、えも言われぬユーモアのセンスがあったのである。

自らの出自の低さからも会いたいと願ってくる人には誰にでも会うことにしていた

ヴェスパシアヌスだったから、公然と帝政打倒を叫ぶ、少数派にはなっていたがいまだ存在はしていた共和主義者たちとも会ったのである。彼らの多くは、首都ローマで哲学を教える人々だった。

皇帝の前で共和政復帰を説く彼らの一人の言にしばらくは耳を傾けていたヴェスパシアヌスだが、もう我慢しきれなくなったという感じで言った。「お前は、わたしによって死刑になるためには何でも言うつもりのようだが、わたしは、キャンキャン吠《ほ》えるからといってその犬を殺しはしないのだよ」。これ以後、この派の哲学者たちは、「犬儒派《キーニク》」と呼ばれるようになったのである。

病には無縁に生きてきただけに、それに倒れたときは死を悟った。そして言った。「かわいそうなオレ、神になりつつあるようだよ」。死後の皇帝の神格化は、もはや慣例になっていたのである。とはいえ、ローマ人にとっての神は、この程度の存在であったこともわかる。

しかし、ヴェスパシアヌスは、人が好いだけの男ではまったくなかった。親政をはじめる紀元七〇年秋から、と言うよりも皇帝に名乗りをあげた六九年の夏からすでに、皇統は息子二人に継承する考えと、皇帝権を法制化することで明快にする考えの二つともを明らかにしていたのである。それは、常識の人ヴェスパシアヌスにしてみれば、

皇位継承者を明示することは皇位をめぐっての抗争の芽をつむことであり、皇帝権を明快にすることは、ユリウス・クラウディウス朝の諸皇帝たちと元老院の関係を特色づけていた確執の因をとり除くことであったのだ。

「皇帝法」

ヴェスパシアヌスには、ティトゥスとドミティアヌスという二人の成人した息子がいた。彼ら二人の皇位継承権を明らかにすることは、父親の情であったのは言うまでもない。しかし、ヴェスパシアヌスとこの息子二人のフラヴィウス朝の次に登場するのは、史上「五賢帝時代」と呼ばれる時代だが、この時代を統治した五人の皇帝の善政の最たる理由は、養子継承システムにあったというのが定説になっている。だが、この五人のうちの四人までが、実の息子に恵まれない人々であったので、実の、しかも成人した息子のいたマルクス・アウレリウス帝は、そのコンモドゥスに皇位を継がせている。実の息子のいる人が世襲の誘惑に抗しきれないのは、まずもって人の情であり、指導者養成機関としての家庭の重要度が大変に高かった時代、世襲は第三者たちの納得を得やすいシステムでもあったのだった。

しかし、ネロの最期《さいご》が、世襲権を確立しただけでは充分でないことを証明していた。ヴェスパシアヌスは、自分の次の皇帝になることを明らかにしたティトゥスに、実績を稼ぐ機会を与えたのである。ユダヤ戦役の総決算であるイェルサレム攻略の総指揮を、それまでの戦役を進めてきた自分は降りて息子ティトゥスにまかせたのはそのためだった。

だが、ネロの最期が残した教訓はもう一つあった。それは、元老院が皇帝不適格者の烙印《らくいん》を押せば、具体的には「共同体《レス・プブリカ》ローマの敵」と賛成多数で議決すれば、皇帝であろうとたちまちタダの人になってしまうという事実である。元老院から不信任されたらそれで終り、ということだ。母を通して初代皇帝アウグストゥスの血を引いている一事を誇れたネロでさえ、不信任されてしまったのである。出自ではこのネロには比べようもない、ローマの支配階級では新参者《ホモ・ノヴス》のヴェスパシアヌスだ。その自分が皇帝を務めるに当って拠《よ》って立つ基盤を固めるという意味で、皇帝のもつ権力を明快に法制化する必要があると考えたのであった。

このヴェスパシアヌスの想いは、無比の協力者であったムキアヌスによって、実に正確に、しかも時間を無駄にすることなく達成される。先帝ヴィテリウスが殺された日から十日も過ぎない紀元六九年の十二月末に首都入りしたムキアヌスは、自分には

元老院の召集権のないところから、召集権をもつ首都担当の法務官ユリウス・フロンティヌスに召集させた元老院の席上で、早くも議員たちにこの二つのことの議決を求めたのであった。

皇位の世襲に関しては、ムキアヌスは、ヴェスパシアヌスの言葉そのものを紹介している。「皇位継承者問題とは、それにわたしの息子たちを認めるか、でなければ無政府状態《アナルキア》に逆もどりか、の二者択一でしかない」

一年に三人の皇帝の登場と退場を経験し、そのつど事後承認しかできなかったことによる無力感をいだくしかなかった元老院議員たちが、政局の安定につながる皇位の世襲に賛成の票を投じたのも無理はなかった。

もう一つのこと、つまり皇帝権の明文化は、現代でもローマのカピトリーノ美術館に遺る碑文に明らかだ。「ヴェスパシアヌス皇帝法」(Lex de imperio Vespasiani) と題されたその碑文の要旨は次のようになる。

一、神君アウグストゥス、ティベリウス、クラウディウスの諸帝に認められていたように、皇帝ヴェスパシアヌスにも、彼が妥当と考えるどの国とも、どの君主とも、同盟ないし友好の条約を結ぶ権利が認められる。

二、アウグストゥス、ティベリウス、クラウディウスの諸帝に認められていたよう

に、皇帝ヴェスパシアヌスにも、元老院を召集する権利、元老院に法案を提出する権利、法案を差しもどす権利が認められること。

三、皇帝召集による臨時の元老院で可決された法案も、通常の元老院での可決法案と同等の価値をもつ。

四、本国イタリアの行政を司《つかさど》る法務官《プラエトル》、財務官《ケンソル》、執政官《コンスル》等の公職や、属州統治を担当する皇帝属州の総督《レガートゥス・インペリアーレ》、元老院属州の総督《プロコンスル》、エジプト長官《プロクラトール》、税務担当の皇帝財務官《プロクラトール・インペリアーレ》等の公職の選挙に際し、皇帝が推薦した人は、それに相応した配慮を与えられること。

五、首都ローマの居住区域が拡張の必要ありとなった場合は、クラウディウス帝にも許されたように、ヴェスパシアヌスにもその拡張が許されること。

六、国家の尊厳と利益に適《かな》うとなった場合、それがいかなることでも、ヴェスパシアヌスには提案し実行に移す権利を認める。これもまた、アウグストゥス、ティベリウス、クラウディウスの諸帝も享受《きょうじゅ》してきた権利である。

七、右の三皇帝にも認められていたように、ヴェスパシアヌスにもまた、元老院会議や市民集会の決議に対しての拒否権《ヴェトー》の行使を認める。

私の第Ⅵ巻『パクス・ロマーナ』を読んでくれている人ならば、なんだこれは初代皇帝のアウグストゥスが一身に集めた諸権利と少しもちがわないではないか、と思うにちがいない。まったくその通りで、㈠は皇　帝《インペラトール》の称号を得れば附いてくる権利で、ローマ全軍の最高司令官《インペラトール・マイウス》が皇帝なのだから、軍事と、それに伴わずにはすまない外政は、皇帝の仕事なのである。また、㈡と㈦の権利は、「護民官特権《トリブニチア・ポテスタス》」をもてば行使できる権利だ。㈢と㈥も、なにもわざわざ法文化しないでも、ユリウス・クラウディウス朝の皇帝たちが実際に行使してきたことであった。㈣は、要するに自派の人材の登用を容易にするための策だが、皇帝とコネクションがある者は選挙に際しても配慮されるべきなどということは、実際には行われても法制化する必要まではないことである。この辺りに、ヴェスパシアヌス

皇帝法碑文（カピトリーノ美術館蔵）

スの生れから来る品格の低さが表われているように思う。

しかし、百年昔に帝政を創設したアウグストゥスがこのような露骨な表現で自分の権力を明示しなかったのは、あの当時はまだ、カエサル暗殺を思い起こすだけで充分なように、君主政《モナルキア》に対してのローマ人の拒絶反応が強かったからである。だが、あれより一世紀が過ぎた紀元七〇年、「元首政」とされることさえ多いローマ独自の君主政は着実に実績をつみ重ね、それによって支配者であるローマ市民からも被支配者である属州民からもコンセンサスを得るまでになっていたのだった。露骨な表現をしても、アレルギーを起こすのはごく少数の理想主義者でしかなかった。それに、武人らしく現実的な具体性を好んだヴェスパシアヌスにしてみれば、皇帝にはなるが、なった後で行使できる諸権利は、誰も文句がつけられないように明快に法文化してくれ、とでもいう想いであったのだろう。

ヴェスパシアヌスはすでに、ヴィテリウスが殺されて唯一《ゆいいつ》の皇帝になった時点で、元老院から次の諸権利を認められていた。

「全軍の最高指揮権」、「護民官特権」、「最高裁判権」、「アウグストゥスの尊称」、「第一人者」。前三者は権力であり、後二者は権威を示す。「ヴェスパシアヌス皇帝法」

をわざわざ成立させなくとも、権力でも権威でも保証されていたのだ。ゆえに「ヴェスパシアヌス皇帝法《レックス・デ・インペリオ・ヴェスパシアーニ》」とは、それらを誰の眼にも明らかなように、つまり誰一人文句をつけられないように、法制化したにすぎなかった。だが、この「皇帝法《レックス・デ・インペリオ》」の真の目的は、総括とでもいう感じでこれらの諸権利の後につけ加えられてあった「サンクティオ」(Sanctio)、意訳すれば「罰則免除の承認」のほうにあったのだ。そして、この項の伏線とも言える、国益に適うと判断した場合に皇帝には何をしても許されるとした第六の項目も、「罰則免除の承認」と連動することでより強力に生きてくる。

内閣法制局に法文をつくらせたらこのようになるのではないかと思ってしまうほどに、この「サンクティオ」の部分の文章は他の部分とちがって、いっさいの誤解を許さないために一語一語に注意したあげく全体の文意が不《ふ》明瞭《めいりょう》になってしまったという、典型的な法律家の文体で成り立っているのだが、その意味するところを箇条書にまとめれば、次のようになる。

この「皇帝法」成立によって、

一、皇帝は、市民集会や元老院の議決に反したことを行おうと、それによる責任は問われない。

二、罰金を支払わされることもない。

三、市民集会や元老院の議決に反した政策を実施したという理由で、皇帝を告訴したり、弾劾《だんがい》裁判にかけたりする権利は、何人《なんぴと》にも認められない。

こうも皇帝の権力を明確にした「ヴェスパシアヌス皇帝法《レックス・デ・インペリオ・ヴェスパシアーニ》」を、彼の唯一無二の協力者であったムキアヌスは、皇帝提出の法案、言ってみれば皇帝立法としてではなく、元老院立法と言ってよい「元老院勧告《セナートウス・コンスルタ》」として採決を求めている。つまり、皇帝ヴェスパシアヌスが望んだのではなく、元老院が自主的にそれを望んだがゆえの法制化である、というわけだ。「サンクティオ」も加えた「ヴェスパシアヌス皇帝法」で提案者が何を言いたかったかを一言で要約すれば、この法を採択し署名した以上、あなた方には皇帝を弾劾する権利はない、につきる。

ヴェスパシアヌスにしてみれば、元老院によって不信任、具体的には「国家の敵」とされたために自死に追いこまれた、ネロの例はくり返したくなかったのであろう。だが、この「皇帝法」の成立は、帝政にとっては実に重要な転換を意味したのである。元老院にはもはや、皇帝を弾劾裁判にかけ、多数決によって不適格者と決まれば「国家の敵」と宣言し、それによって政権担当者を代える可能性がなくなったことを意味

したのだ。帝政の創始者アウグストゥスも認めた皇帝へのチェック機能を、この法の成立によって、元老院は失ったのである。

ヴェスパシアヌスがそこまで求めたのは、帝政百年の実績を背にすることができたからか。アウグストゥスがそこまでを求めなかったのは、共和政から帝政への移行という微妙な時期、帝政に対するローマ人の拒絶反応を無視することができなかったからであろうか。もしもアウグストゥスがヴェスパシアヌスの立場にいたとしたら、彼もまたそれを求めたであろうか。

ローマ史上ではほとんどローマそのものとしてもよい「ローマの元老院《セナートゥス・ロマーヌム》」は、ローマの発展とともにそのもつ機能も変えてきたのである。

王政時代には、各家門《ジェンス》の長を集めた、王への助言の機関だった。定数ははじめから、三百人と決まっていた。

紀元前五〇九年を期してローマが共和政に移行してからの元老院は、定数も同じ、有力者を集めることでも同じだったが、単なる助言を越えた執行の機関に変わる。共和政時代のローマ元老院を現代の私企業に例えれば、市民という社員の上にある役員三百人を集めた取締役会議という感じだ。この三百人の中から毎年二人が全社員の選

挙によって選出され、一年の任期で社長を務める。二人必要なのは、一人は国内、他の一人は国外を担当する必要があったからで、共和政時代の「国外」とは、覇権拡張の戦争の指揮を意味した。

帝政に入ると、社長にあたる皇帝は、もはや取締役の中からは選出されず、世襲制または前社長が養子にするという形で指名した者が、任期なしの終身社長に就任するようになる。市民集会も競技場での市民の歓呼か反対の叫びに形を変えていたので、全社員の選挙によって社長を選ぶということもなくなった。

このような形に変えようと最初に試みた人はユリウス・カエサルだが、その真意は、ローマという企業も世界的な規模をもつ国際的な大企業に成長した以上、そのトップが一年ごとに変わるのでは、また取締役三百人の合議制では、運営面での充分な機能が期待できないと見たからである。帝政とは、国家ローマにとって、統治能力《ガヴァナビリティ》の向上を期せば避けて通ることは許されない変容であったと、私は考えている。

このカエサルの考えを現実化した初代皇帝アウグストゥスは、しかし、取締役会議には、社長が不適格であった場合の弾劾機能を残したのである。帝政へのチェック機能を、元老院に託したのだった。

しかし、帝政と変わってもローマの元老院は、単なるチェック機関ではなかった。

国家の要職に就く人々を、プールしておく機関でもあったからだ。だからこそアウグストゥスは、元老院にはそれにふさわしい権限を与えておくほうが、より充分に機能すると考えたのではないだろうか。人間心理から見ても、充分な機能を期待するならば、充分な権限を与えるのが最良の方策だからである。軍事力によって「元老院体制」を倒したカエサルでさえ、元老院を廃絶するような暴挙はしていない。それどころか、定員を増やしさえしている。ただし、カエサルの考えた国家ローマは、共和政時代のような元老院主導の政治システムではなく、皇帝主導の政治システムであったのだ。カエサルを継いだアウグストゥス時代ともなると、元老院も、人材のプールという役割にプラス、皇帝を助けて国家の運営に当る機関の色彩を強めてくる。それでも、皇帝位にある者が皇帝には不適格となった場合は、不信任する権限は与えたのであった。

それが、ヴェスパシアヌスの「皇帝法」では、皇帝には不適格と思われた場合でも、不信任はできないと明記されたのである。私の想像では、もしもアウグストゥスがヴェスパシアヌスの立場にあったとしても、「皇帝法」は考えもしなかったのではないかと思う。

なぜなら、不信任、当時のローマで言えば弾劾裁判、の権限を奪われた元老院にとって、もしも皇帝位にある者が皇帝に不適格となった場合に残された手段は、暗殺しかなくなるからである。「国家の敵」と議決されれば自死するしかないから、自死でも暗殺でも同じだと言うかもしれない。だが、「武器」はもっていてもそれを使わないのと、「武器」は取り上げられてしまったから使おうにも使えないのとでは、完全にちがう。私が、指導者としてのヴェスパシアヌスの力量に最高点を与える気になれないのは、法制化しようと所詮《しょせん》は完全な解決などありえないことの、法制化を決行したからである。法律といえども、それを考えた人の人格を映し出さないではすまないのであろう。

ヴェスパシアヌスは、これで安心して皇帝を務められる、と思ったかもしれない。だがこの法律の最初の犠牲者は、これより二十六年後に暗殺される、ヴェスパシアヌスの次男のドミティアヌスになるのだ。リスクを排除しようと努めれば努めるほど、リスクに足をとられる危険も増大するという好例ではなかろうか。リスクがあれば、緊張感をもたずにはすまない。それゆえに人は、無意識にしろ軌道修正をせざるをえなくなる。ローマ皇帝ならば、やるべきこととやってはならないことのちがいを、常に意識せざるをえなくなるということだ。

しかし、この「皇帝法」に見られるように帝政の専制化に大きく一歩を踏み出したヴェスパシアヌスだったが、九年に及んだ彼の治世は実に穏当な統治で終始したのだから面白い。元老院の不信任権を取り上げる必要もないくらいの善政で、歴史家に言わせれば、特筆すべき事件は何もなし、ということになる。特筆に値する事件なしというのは、善政と幸運がプラスされたからだが、ヴェスパシアヌス自身の庶民的な生れと日常の振舞いが、また、これらに加えて健全な常識に富んでいたことが、皇帝としての彼が他者に与える印象をやわらげたのだと思う。庶民皇帝、がヴェスパシアヌスの姿であり、彼自身が誰よりもそれに満足し、その効力を知っていたのであった。

しかし、特筆に値する事件なしということは、そのような事件にならないように前もって手を打っていた、ということでもある。本国に帰還後のヴェスパシアヌスの業績を追っていくと、内乱後の帝国の再建を彼がどう考えていたのかがわかって興味深い。それらを、年代順ではなく、項目別に分けると次のようになる。

後継者問題

ヴェスパシアヌスはエジプトで待機中、ティトゥスもいまだイェルサレム攻略戦に着手していないという紀元七〇年一月、ムキアヌスが手をまわして召集した元老院会議で、この年担当の執政官二人にはヴェスパシアヌスとティトゥスが選出されたことはすでに述べたが、その翌年の七一年担当の執政官も、これまたムキアヌスの手引きで、エジプト滞在中のヴェスパシアヌスは、不在にかかわらず当選している。

そして、紀元七〇年秋にヴェスパシアヌスが帰国して以後は、ほとんど毎年、父と息子は執政官を務めた(七二、七四、七五、七六、七七、七九の各年)。ヴェスパシアヌスが息子以外の人と執政官職を分け合ったのは、紀元七一年と七三年の二年のみ。執政官職がこの父と子以外の人で占められたのは、紀元七八年の一年のみである。

ヴェスパシアヌスの、長男のティトゥスを表面に押し出すやり方は、執政官職を分け合うことにとどまらなかった。

ユダヤ戦役終結を祝う凱旋《がいせん》式では、父と子はそれぞれ、四頭の白馬の引く戦車を御

しての凱旋将軍として参加している。主役と脇役《わきやく》ではなく、主役が二人であったことが、紀元七一年春に挙行された凱旋式の特徴であった。

しかも皇帝ヴェスパシアヌスは、凱旋式を終えた直後の息子ティトゥスに、早くも自分同様に「インペラトール」を個人名《プレノーメン》として使う権利を与えている。これら以外にも、「絶対指揮権《インペリウム・プロコンスラーレ》」と「護民官特権《トリブニチア・ポテスタス》」までも与えた。最高《マイウス》が附くとローマ全軍の長ということになり、皇帝にしか与えられない権利だから次席ではあるけれど、市民集会の召集権に加えて拒否権《ヴェトー》という強権までもつ「護民官特権」ならば、皇帝とまったく同等で、これではもはや共同統治者とするしかない。晩年のアウグストゥスが、

ティトゥス

ドミティアヌス

ついに後継者と決めたティベリウスに与えた待遇と同じであった。

しかもヴェスパシアヌスは、ティトゥスとドミティアヌスの息子二人に、カエサルの称号も与えたのである。ゆえにこれ以降は、皇帝は「カエサル・アウグストゥス」、皇位継承者は「カエサル」の称号で定着することになる。皇位継承者が明確でなかったのが内乱の一因と確信していたヴェスパシアヌスは、息子に後を継がせたい父親の情を満足させつつも帝国の内紛の芽もつみとる策として、皇位後継者の称号までも明確にしたのであった。

元老院対策

専制色の濃い「皇帝法」の成立を望んだ人にしては、ヴェスパシアヌスの元老院への態度は穏当そのものだった。それはおそらく、ヴェスパシアヌスがもっていたバランス感覚によるのだと思う。また、元老院の議席を埋める人の多くが、生れと育ちでは彼よりも上層に属すことも配慮しての結果にちがいない。

月の最初の日と十五日《なかび》に開かれる通常の元老院会議には、重要な議題がなくても必ず出席した。治世のほとんどの年は執政官職も兼任していたので、議長席に就く必要

もあったのだが。

会議では、活発な討論を奨励した。反対意見にも、賛成意見と同じように耳を傾けた。それがどれほど辛辣《しんらつ》で毒をふくんだものであっても、機嫌を損じた様子はまったくなかった。ただし、反論はした。とはいっても、機智とユーモアと簡潔な一句で人を刺し、それによって満場を爆笑の渦に巻きこむことで反対者を孤立させるというカエサルのような芸には恵まれていなかったヴェスパシアヌスだから、反論するとはいってても顔をくしゃくしゃにして、この年齢《とし》になって皇帝などやるから矢面に立たされてしまうんだ、ぐらいしか言わないのである。だがこれでも、議場の空気はやわらぐのだった。ヴェスパシアヌスには、才気はなくても愛敬《あいきょう》はあったのである。

議員たちの好感を獲得したもう一つの理由は、国家反逆罪の名によって元老院議員を裁判にかけることはしないと、ヴェスパシアヌスが公式に言明した一事もあった。皇帝弾劾《だんがい》の可能性をつぶした「皇帝法」が成立した以上、そのようなことをくり返す必要はないにかかわらずあえて言明したのは、田舎出の純朴さを装《よそお》っても、ヴェスパシアヌスは偽善の効用も知っていたことを示している。愛敬はあったが、喰わせ者でもあったのだ。

また、経済的に苦境にある議員に、資金援助を与えることも忘れなかった。なにし

ろ、終身職で無給の元老院議員を務めるには、百万セステルティウス以上の資産の持主であることが条件であったのだ。ヴェスパシアヌス自身にも、元老院議員に推挙されたときにその金がなく、兄のサビヌスに保証人になってもらってようやく実現した借金で、元老院に議席をもてたという経験があった。

皇帝ヴェスパシアヌスは、二代皇帝ティベリウスが考案し活用した、委員会方式を再興する。解決が急を要するような場合や専門の知識・能力が必要とされる場合に、六百人が定員の元老院で討論を重ねて採決にもっていくのではなく、元老院議員五人で構成される委員会に解決を委託する方式である。もちろん、統治の効率化を重視するがゆえに考え出された方式だ。思い起こせば、軍事を熟知し、軍務遂行のためにしろ帝国の全域を自らの足で踏んだ皇帝は、ティベリウス以後はヴェスパシアヌスがはじめての人になるのだった。

人材登用

登位直後に、アウグストゥス、ティベリウス、クラウディウスの政治を踏襲すると明言したヴェスパシアヌスの言葉は嘘《うそ》ではなかった。元老院議員に、十二人の属州出

身者を登用したのである。しかも、ただ単に元老院の議席を与えたのならば、中央部と北部のガリア人に元老院の扉を開いたクラウディウス帝と同じだが、ヴェスパシアヌスはさらに一歩大きく踏みこんだのである。そのうちの五人には、貴族《パトリキ》の称号を与えたからであった。

ローマの元老院では昔から、演説をする際には、「議員諸君」という感じの「パートレス・コンスクリプティ」ではじまるのが慣例になっている。直訳すれば、「父たちよ、新たに加わった者たちよ」となる。父とされるのは建国以来の名門貴族のことで、具体的にはコルネリウス、クラウディウス、ユリウス、ヴァレリウス、エミリウス等の家門を指し、キケロのように元老院入りしたのは彼が最初という議員は、「父」ではなく、「新たに加わった者たち」の一人にすぎなかった。ヴェスパシアヌスは前記の五人を、パートレスとほとんど同等の地位に引き上げたのである。ユリウス・クラウディウス朝という既成の統治階級が機能しなくなったことを示したのが、ネロの失脚とその後の混迷の原因であった。ヴェスパシアヌスは、活力の衰えた統治階級に新しき血を導入しようとしたのである。そして、「新しき血」の人選は実力主義で貫いたので、親代々の統治階級に属す人々も文句のつけようがなかったのだった。

この五人中で二千年後の現代でも名が遺《のこ》っているのは、次の三人である。

M・ウルピウス・トライアヌス――第十軍団を率いてユダヤ戦役のはじめから終りまでを闘い抜いた武将。後に皇帝になるトライアヌスの父親。スペイン出身。

C・ユリウス・アグリコラ――この八年後にブリタニアの制覇に派遣される武将。歴史家タキトゥスの岳父にあたり、ガリア出身。

L・ユリウス・フロンティヌス――登用当時には法務官でしかなかったが、その後は「水道庁長官」としてもよい地位もふくめてあらゆる部門にわたって公職を歴任し、現代にまで伝わる古代ローマの水道に関する解説書まで遺した人。おそらくこの人も、ガリア出身。

この有名人三人を加えた十二人の「新しき血」の出身地は、スペイン、ガリア、ギリシア、小アジア、シリア、北アフリカと、帝国全域の属州におよんでいる。帝国の西方の属州出身者に元老院の門戸を開放したカエサルやクラウディウスに対し、ヴェスパシアヌスがやったのは、帝国の東方の属州出身者をも元老院に迎え入れることであった。

貴族にまではならなくても、元老院に議席をもつことが何を意味するかを当時の人々は知っていた。ほぼすべての国家の要職は、元老院議員から選出される。執政官も属州総督も、司令官として数万の兵を指揮するのも、元老院議員であってはじめて

可能になるのだ。郷土の誇りと、住民総出で祝うのも無理はなかった。だが、このような平均化政策を実行したからこそ、本国も属州も変わりなくローマ帝国の一員であるという、運命共同体の意識が強まっていくのである。

それにしても、この十二人の名を眺めていて気づくのは、十二人のうちの四人までが「ユリウス」の家門名をもつ人であったことである。属州民にユリウスの家門名を与えることのできた人は、カエサル、アウグストゥス、ティベリウス、カリグラの四人しかいない。クラウディウスとネロはクラウディウス家門に属すので、もしもこの二人が自分たちの家門名を与えたとしたら、その人々の家門名は「クラウディウス」とならねばならない。ヴェスパシアヌスに家門名を贈られたユダヤ人の歴史家ヨセフスが、フラヴィウス・ヨセフスと呼ばれるように。

それでまずカリグラだが、彼はこのようなことには無関心だった。アウグストゥスは、無関心ではなかったがこの面では保守的な人であったので、属州出身者への家門名分与には消極的で通している。その後を継いだティベリウスは「ティベリウス門下《スクール》」と言われるくらいに実力ある者の登用には積極的だったが、アウグストゥスがやらなかったことは自分もやらないというのを信条にしていたので、自分の家門名の大盤振舞まではやらなかったにちがいない。結局、この場合ではいつも残るのは、ユ

リウス・カエサルなのである。となれば、カエサルが百二十年以上も昔に蒔《ま》いた種が成長してつけた実を、ヴェスパシアヌスもまた収穫したことになる。反乱を起こす「ユリウス」たちもいたが、帝国の中枢《ちゅうすう》に入って自らそれをささえようとする「ユリウス」たちにも、ローマ帝国は不足しなかったということであった。

「騎士階級」と平民への対策

自らの出身階級でありながらローマ社会では第二階級としてよい「騎士階級《エクイタス》」を、特別に優遇しなかったヴェスパシアヌスのバランス感覚は、充分に賞讃に値する。とは言っても、ここでも彼は、先人の立てた道標が示す方向に歩んだにすぎなかったのである。

この面での先人とは、アウグストゥスとクラウディウスだった。共和政時代には元老院階級に政治を独占され、経済面で活躍するしかなかった「騎士階級」を、行政に登用したのはアウグストゥスである。広大な帝国の運営には不可欠な〝官僚〟に、経済の経験豊かなことから実務能力に秀《ひい》でていた彼らを、帝国統治上の実務担当として活用したのだ。ゆえに、共和政時代は「経済界」と総称してもよかった「騎士階級」

は、帝政に入って以後は、経済に加え行政と軍事の面でもエキスパートとして活躍するように変わる。

ローマ社会は、元老院階級、騎士階級、平民階級、解放奴隷、奴隷と分れていた。そしてローマ人は、共和政時代からあったこの階級別を撤廃していない。存続させたのである。ただし、この五つの階級間の流動性は認めた。認めるどころか奨励した。奴隷から解放奴隷になり、資格さえ満たせばローマ市民権をもつ平民階級に入れる。騎士階級出身のヴェスパシアヌスも、軍団での実績と公職キャリアを経て元老院入りしただけでなく、皇帝にさえもなったのだ。

社会の構成員ならば全員平等、とするとかえって、外部の人々を疎外《そがい》するようになるのである。新たに入ってきた人に対し、すぐにも既存の人同様の権利を認めるわけにはいかないからである。認めようものなら、既存の人々からの反撥《はんぱつ》が起こる。現代でも問題になっている人種差別感情が意外にも社会の低層に強い現象を思い起こすだけで、この問題の深刻さは理解できよう。それが古代のローマのように、社会の階級別を認め、ただし階級間の流動性を認めるならば、外部の人々の流入を拒絶する理由はなくなる。まずは下層に入ってもらい、その後の上昇はその人しだい、というわけ

だ。一方、はじめから実力を示せる人に対しては、その実力にふさわしい階級への参入をただちに認める。民主政を守るために全員平等を貫くしかなかったギリシアの都市国家アテネが、意外にも、他のポリス出身者や奴隷に対して閉鎖社会であったという史実。そして、共和政時代には元老院主導という形での寡頭《かとう》政、帝政時代に入ると君主政に変わるローマのほうが、格段に開放社会であったという史実は、現代でもなお一考に値すると確信する。古代のローマは、あの時代の限界が許すかぎりという条件つきにしろ、機会均等を実現した社会なのであった。ヴェスパシアヌスのやったことは、カエサルが切り開きアウグストゥスが固め、ティベリウスとクラウディウスが手入れを怠らなかったためにより堅固になった、その道を進んだにすぎないのである。

「皇帝法《レックス・デ・インペリオ》」を成立させることで元老院から皇帝弾劾《だんがい》の手段を奪ったヴェスパシアヌスだが、これで自分とその後継者である息子たちの地位も安泰とは考えていなかった。平民階級もローマ市民権所有者であることによって、立派に有権者なのである。帝政も百年が過ぎた紀元一世紀後半では、執政官以下の国家の要職も元老院の選挙で決まるようになり、市民集会の意義も失われ、実際上も開かれなくなって久しい。だ

が、これらの有権者たちの声を反映する機会が全廃されたわけではなかった。国家主催に加えて皇帝や要人たちが提供する各種の闘技会や祭典が、庶民の意見の反映の場になっていた。庶民と言っても、ローマ市民であることを誇りにしている彼らは、遠慮もせずに意思の表示をしたから、支配者にとっては恐《こわ》い場でもあった。剣闘士試合や四頭立ての戦車競走への個人的な興味には無関係に皇帝の臨席が歓迎されたのは、そのような場が、最高統治者に対して市民が意見をぶつける場でもあったからである。

皇帝の責務は果しながらもこの種の機会にも律義《りちぎ》に顔を見せたアウグストゥスの、庶民の間での評判は上々であった。一方ティベリウスは、皇帝の責務は充分に果していたにかかわらず、カプリ島に引っこんだりしていて、また剣闘士試合を嫌っていたこともあって出席しなかったのだが、それが庶民の彼に対する悪評の原因であった。皇帝として有資格者であるかは大変に疑問のあるカリグラやネロが意外と庶民に好かれたのは、彼ら二人の〝皆勤〟によるところが大きかったのだ。

後世はこれを、「パンとサーカス」(食と娯楽)としてローマ帝国の悪弊の最たるものにあげる。だが、貧困者には餓死しない程度の食を保証した「パン」の制度同様に、「サーカス」もまた、ローマ帝国の民にとっては娯楽以上の意味があったのだ。

そのことを実証する例として、ヴェスパシアヌス自身が経験したエピソードを紹介したい。

ユダヤの王女

ヴェスパシアヌスの長男のティトゥスは、父の指揮下でユダヤ戦役に参戦中から、ユダヤの王女ベレニケを熱愛するようになっていた。ベレニケは、クラウディウス帝時代にユダヤの王位に復帰したアグリッパ一世の娘である。ユダヤ戦役をローマ側についで闘ったアグリッパ二世には、姉にあたった。ティトゥスよりは十二歳も年上で、オリエントの君主との二度の結婚の経験もあった。

父であったアグリッパ一世の才気は抜群で、ローマで教育を受けていた青年期にはティベリウス帝に危険視されていたくらいだが、父親の才能は息子よりも娘に多く伝わるのかもしれない。実直な性格でそれゆえに理想的な同盟者とローマ側に思われていた弟とはちがって、姉のベレニケは、ローマ人の長官がユダヤ人を迫害しようものなら厳重に抗議することも辞さないという、誇り高く強い性格の持主であった。知力に秀《ひい》でていただけでなく、広く深い教養の持主でもあったらしい。そのうえ、肖像が

遺《のこ》されていないので史家たちの記述を信用するしかないのだが、すらりとした身体と優雅な立居振舞の美女でもあったという。

　一方のティトゥスは、肉体的にも精神的にも、父親のヴェスパシアヌスに似ていた。ただし、年齢の若さによるのか、父親がもっていた一種の悪賢さはなかった。ヨセフス・フラヴィウス著の『ユダヤ戦記』に描かれているティトゥスは、総司令官なのに一兵卒のような闘い方をする人で、勇将ではあったが智将とはいえない。純朴で良心にあふれる若者だが、冷徹さが不充分なのである。だが、それだからこそ、オリエントの美しく知的な年上の女に惚《ほ》れこんでしまったのだろう。

　ベレニケのほうも、ティトゥスの捧《ささ》げる熱愛には充分に応《こた》えたようである。皇帝の息子とユダヤ王女の再会は、ヴェスパシアヌスへの表敬訪問でローマを訪れたアグリッパ二世が姉も同行させたことで実現した。ティトゥスは愛人を、皇宮に住まわせる。ベレニケに恋した当初から娘を一人もうけていた妻とは離婚していたから、この種の行為ならば自由な独身だった。ローマ人も、ユダヤ女との同棲《どうせい》自体はスキャンダル視しなかった。パラティーノの丘の上に建つ皇宮には、皇帝一家が住んでいただけでなく、ユダヤの歴史家のヨセフス・フラヴィウスも同居しており、ユダヤ戦役後は首都警察の長官に引き抜かれていた、前エジプト長官でユダヤ人のティベリウス・ユリウ

ス・アレクサンドロスも出入りしていたのである。このこともまた、ローマ人は話の種にすらしなかった。

もしもティトゥスが、高貴な生れのユダヤの女人との関係を、カエサルがクレオパトラにしたように愛人のままで続けていたとしたら問題にはならなかったのである。また、もしもティトゥスが皇位継承者ではなく一介の行政官であったならば、ユダヤの女と正式な結婚をしようとローマ人は問題にしなかったのだ。ベレニケには姉がいたが、その王女はローマから派遣されたユダヤ長官の一人と結婚している。しかし、純朴なティトゥスには、愛する人を愛人のままでおくことができなかった。とはいえ彼は、現皇帝の後を継ぐこと確実な立場にあったのである。

正式の結婚をしたいと願う息子に、ヴェスパシアヌスがどう答えたかは知られていない。しかし、それへの答えは、民衆がしたのである。

その日の競技場の貴賓席には、ヴェスパシアヌスやティトゥスとともに、ユダヤの王女ベレニケも同席していたのかもしれない。その彼らに向って、観客席を埋めた群衆からの猛烈な反対の声が巻き起こったのである。

ローマの民衆は、ティトゥスが望む結婚の相手が、ユダヤの女であったから反対し

たのではない。ローマの庶民にとって、オリエントの王女と言われて思い出すのは、エジプトの女王クレオパトラであったのだ。百年以上も昔の話にしろ、ギリシア系のエジプト女王のクレオパトラに惚れこんだあげくに、祖国ローマに弓を引くまでになったマルクス・アントニウスを、ローマの庶民は忘れていなかった。ギリシア系であろうとユダヤ系であろうと、彼らにしてみればちがいはなかったのだ。オリエントの王家の女人というだけで、アントニウスとクレオパトラの当時が再びもどってくるかと、そのほうを怖《おそ》れたのである。

ティトゥスは、愛をあきらめた。ベレニケは、ユダヤにもどって行った。この九年後に、ヴェスパシアヌスが死にティトゥスが皇位に就いた後に、ベレニケはもう一度ローマを訪れる。だが、ティトゥスは、皇帝になってもティトゥスは、競技場で浴びた民衆の非難の大合唱を忘れなかったのである。ユダヤの女人は、今度もまた

ティトゥス

オリエントにもどるしかなかった。

しかし、ティトゥスは、愛の成就《じょうじゅ》はあきらめたが、愛を捧げつづけることはやめなかった。ベレニケと別れて以後、新たな結婚相手を求めていない。愛人さえも求めていない。三十代なのに、独身を貫いた。当時の彼と同年代であった時期のユリウス・カエサルが言い遺した、上に立つ者は下位にある者よりも自由はより限られるのだという一句を、彼もまた身にしみて感じたであろうか。皇帝も、いかに「皇帝法」で守られていようと、何でもやれると思ったときから墓穴を掘ることになるのだった。

コロッセウム

現代でも、都市ローマをイラスト一つで表現したいと思えば、誰でもコロッセウム(イタリア語ならばコロッセオ)をもってくるだろう。これを建設させたのが、ヴェスパシアヌス帝である。ゆえにこの円形競技場の正式名は、Amphitheatrum Flavium《アンフィテアトゥルム・フラヴィウム》。訳せば、フラヴィウス円形劇場となる。半円の劇場形式はギリシア人の創案になるものゆえ、その半円を二つ合わせたという意味のギリシア語の「アンフィ」がついて円形の劇場、その場で催されるものの種類からして意訳すれば、円形競技場ないし円形

闘技場が、はじめて建設されたのであった。正確には楕円形《だえんけい》だが、この様式の野外競技場は、まったくのローマ人の創案である。首都ローマに建設されたこの円形競技場だけがコロッセウムの通称で呼ばれたのは、ドムス・アウレアの建設当時にネロが自分を模した巨像《コロッスス》（Colossus）を立てさせたすぐ近くに位置していたからである。ヴェスパシアヌスは、その巨像は破壊させなかったが、顔の部分はネロから太陽神に変えさせた。破壊させなかった理由は、この巨像（Colossus）が、その巨大さから民衆の人気者になっていたからだろう。

コロッセウム（Colosseum）建設の場所は、ネロが人工湖にするつもりでいた平地である。市民たちの散策の場になり、公共建造物の立ち並ぶフォロ・ロマーノやカエサルとアウグストゥスの「フォールム」（伊・フォロ）の近くに、緑と清々《すがすが》しい空気を提供したにちがいないネロ考案による広大な人工湖を犠牲にしてまで、なぜ、五万人もの人間を収容できる円形競技場を建てたのか。

第Ⅶ巻中のネロを述べた部分で私は、舟遊びもできるほどに広大な人工湖や動物を放し飼いする自然公園までもふくめた「ドムス・アウレア」（黄金宮殿）自体が、ローマの都心に緑を導入しようというネロの首都改造計画であったという仮説を立てた。

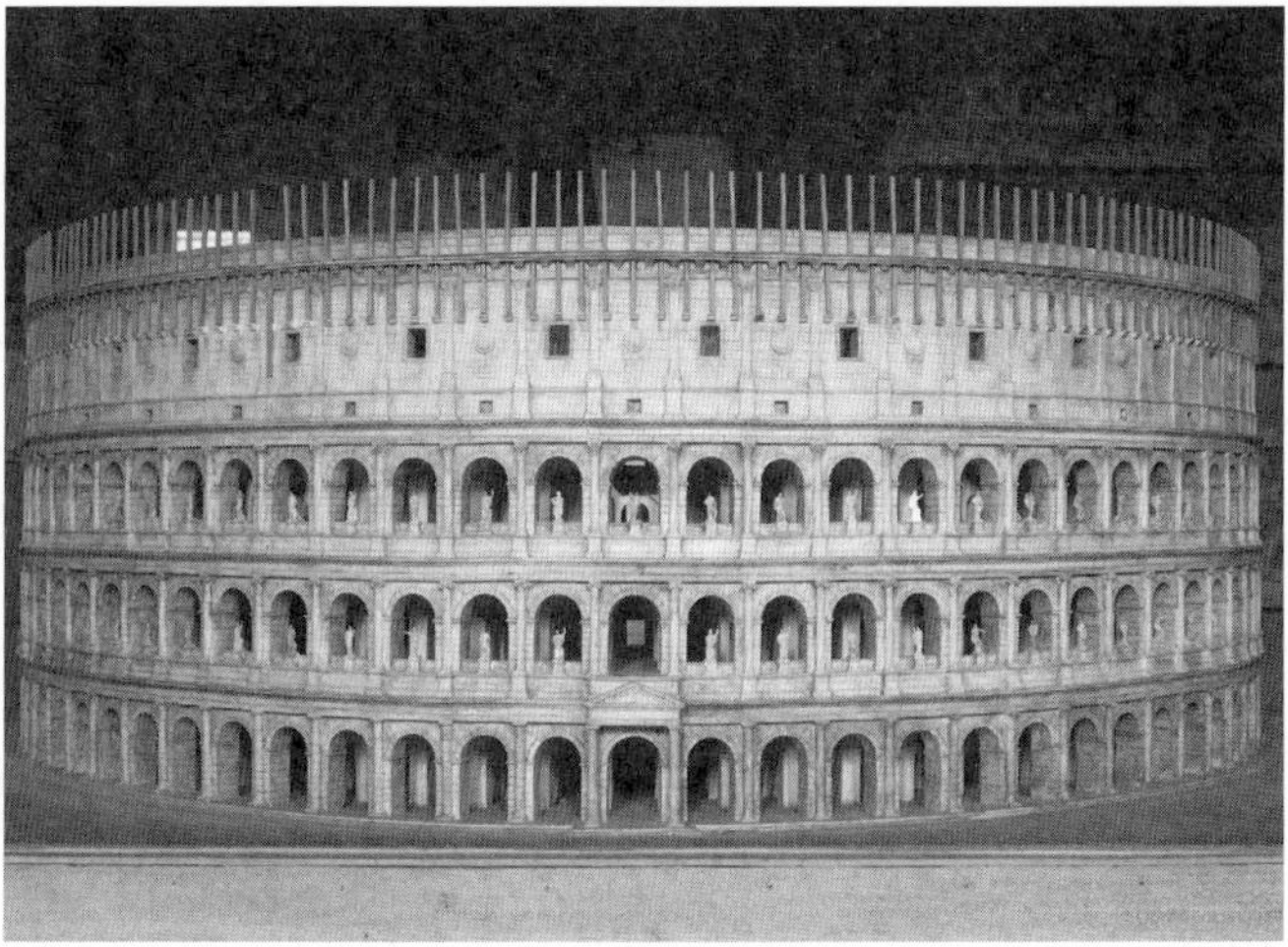

コロッセウムの復元模型

そして、それが市民に不評であった理由を、都市の活用という一事に対してのネロと当時の市民たちの、考えのくいちがいにあったとした。ギリシア好きのネロにしてみれば、首都ローマをギリシア風のアルカディア（理想郷）に変えるつもりだったのだろうが、郊外にセカンドハウスをもつのが普通であった当時の市民の考えでは、都市とは、緑を愉《たの》しむ場ではなく人々が集まる場所なのである。ネロも言うだろう。自然公園や人工湖だって、人々は集まるだろうし愉しめる、と。

　だが、やはりちがうのだ。個人的に愉しむのと集団で愉しむのでは、

現代のコロッセウム

ちがうのである。都心部は、多くの人を集めるだけでなく、集まった人々が何か一つのことにともに参加してこそ、完全に活用されたと言えるのである。人工湖を排しコロッセウムを建てたヴェスパシアヌスのほうが、都心中の都心の活用はどうあるべきかを理解していたとするしかない。

だがネロは、再び反論するだろう。都心部にはすでに、大競技場《チルクス・マクシムス》があったのだ、と。

イタリア語だと「チルコ・マッシモ」となるこの大競技場は、当時でもすでに十五万人収容、最終的には二十五万人も収容できたという、四

労働文明宮（エウル）

コロッセウムの三層のアーチ

頭立ての戦車競走に活用された広大な競技場であった。しかし、これほどの広さとなると、観客一人一人の参加意識を一点に集中させることがむずかしくなる。あまりの広さに、拡散してしまうのだ。反対に、五万人程度ならば、しかもそれが閉鎖された空間に集中していれば、人々の参加意識もより強くなる。

コロッセウムは、皇帝と庶民が顔をつき合わせるには、格好の広さであったのだ。五万人といっても、百万都市ローマでは、広すぎもしないが狭すぎもしない。そして、最高権力者である皇帝にとって、コロッセウムの建設は、娯楽の場を提供する目的とともに、自分の統治への賛意ないし批判を受ける場所の提供でもあったのだ。市民のほうも、それを正確に理解した。人工湖には批判的であった彼らが、コロッセウ

ム建設には双手《もろて》をあげて歓迎したからである。

コロッセウムは、美的にも技術的にも最高の傑作である。あの大きさにして、重苦しさも単調さも感じさせない。ローマ人の好んだアーチの両側を円柱で締め、アーチ形の空間部には立像を置くという形の連続で成っているのだが、地上部に使われた柱は重厚なドーリア式、二階部の柱はすっきりしたイオニア式、三階部の柱は繊細なコリント式と、階ごとに柱のスタイルを変えることによって、重苦しく単調になるのから救っている。これをまねたという、ムッソリーニ時代の新都市エウルの建物と比べてほしい。

機能の面でも、開けられた出入口の巧妙な配置によって、事故でも起これば十五分で観客全員を外に出すことができたという。闘技に使う猛獣も、地下につくられたエレベーターを活用することで、担当者が危険にさらされる怖《おそ》れもなく地上に導ける設備が整っていた。そのうえ、観客をローマの強い陽差しから守るために、観客席の上部を帆に使う布で広くおおうやり方も行われていたのである。コロッセウムで催し物があるたびに、ミセーノの海軍基地からやってきた海兵たちがその作業を行ったというのだが、それがどうやれば可能であったかは、現代でもわかっていない。

コロッセウム（復元想像図）

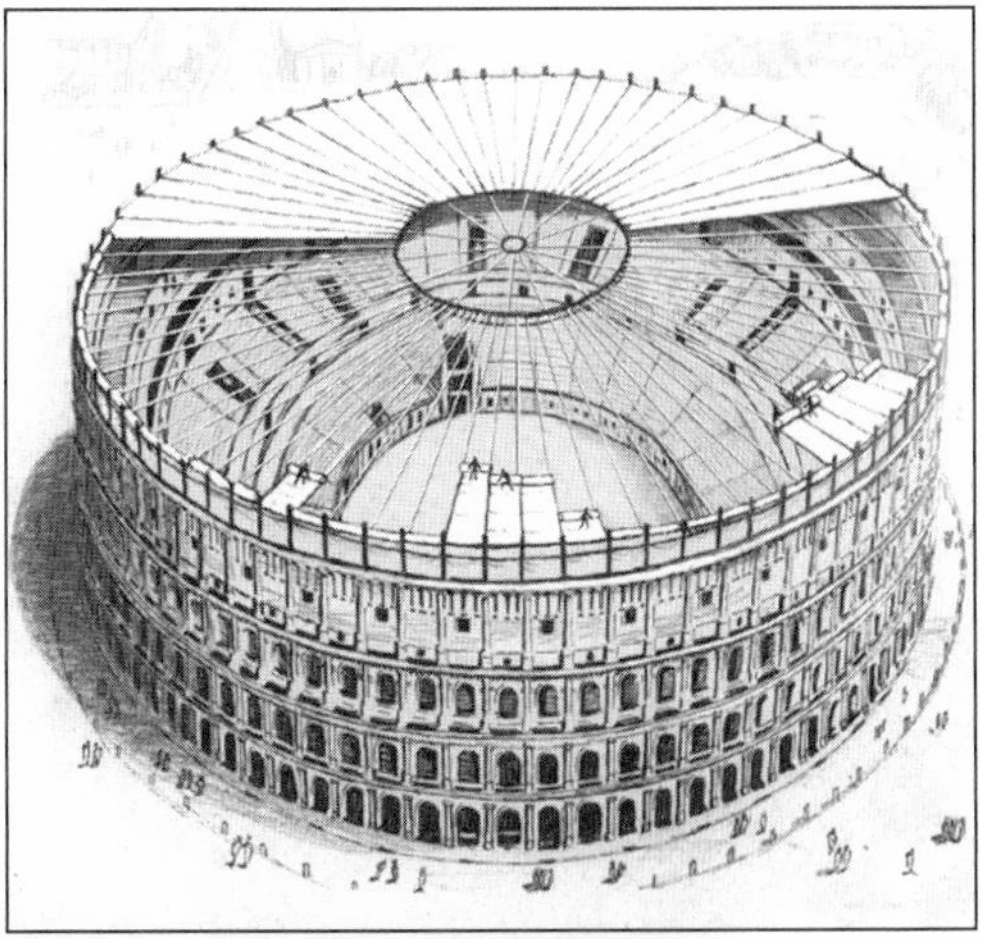

現代のサッカースタジアム

二千年後の現在でも地上にそびえ立ち、われわれが現に見ることができるのがコロッセウムだが、われわれが見るコロッセウムは、ローマ帝国時代のそれの三分の一でしかない。キリスト教が支配するようになってからのローマの公共建造物は、格好の石材提供場に変わってしまう。おかげで、取りはずせるものはすべて持ち去られてしまった。アーチごとに置かれていた数多《あまた》の立像も、壁面をおおっていた大理石板も、すべてが奪い取られた後に残った「骨格」が、今日のコロッセウムとしても誤りではない。コロッセウムもまた、ドイツの文人ゲーテの言ではないが、イタリアを旅するには肉体の眼だけでは不充分で心の眼も必要である、という一例である。

しかし、「平和のフォールム」の建設で平和と秩序の再復をアッピールし、コロッセウムの建設で娯楽を与えると同時に皇帝と一般市民のつながりもアッピールしたのは大変にけっこうだが、それゆえに市民たちもこぞって支持したのだが、何よりも先立つのはカネである。ネロの放漫財政に加えて内乱の一年間の無秩序の後ゆえなおのこと、国家財政の健全化は急務だった。そして歴史上のヴェスパシアヌスは、財政再建の面で最も有名と言ってよく、ある研究者に言わせれば、最適の国税庁長官、でさえあった。

最適と評されるのには理由がある。ヴェスパシアヌスは、税率を上げないで、またむやみに新税を創設しないでいて、どうやれば税収を増やせるかを考え、それを成功させた人であったのだ。だが、ヴェスパシアヌスがなぜそれに成功できたかを知る前に、ローマの国家財政そのものがどのような構成になっていたかを知る必要があるように思う。

財政再建

ローマ帝国の国家財政の詳細については、研究者たちの必死の努力にもかかわらず、現代に至ってもなおわかっていない。おそらくこれからも、明確になるのは望めないだろう。その理由は、ローマ人が税制を重視せず、行きあたりばったりの無責任な税制を布《し》いたからではまったくない。反対に、広く浅く取ることを目指した税制こそが善政の根幹であることを熟知していたローマの皇帝たちが、基本的にはシンプルな税制を維持しながらも個々ではケース・バイ・ケースで臨んだために、それらをすべて把握するに充分な史料が遺《のこ》っていないからである。なぜなら、ローマ帝国滅亡後の中世になると、各地に割拠する封建諸侯や豪族たちが勝手に税や通行料を徴収するとい

う、税の面でも無政府状態が生じ、おかげで、ローマ時代の税制に対する関心までが失われてしまったのである。おそらく、あの時代にはまだ存在した古代ローマの税制史料も、筆写して遺すまでもないとされて消失してしまったのだろう。それでもなお、各史料中に散在する史実から推察して、ローマ帝国の税制の大要は、次のようなものであったと思われる。

歳入

一、税収入

(a)直接税——権利は国政への参加であり、義務は兵役を務めることでの自国の防衛にあると考えられていたのが、古代の都市国家の市民である。都市国家《ポリス》アテネの市民でも、兵役の義務はあったが直接税を払う義務はなかった。ローマも、都市国家からはじまった帝国である。主戦力である軍団兵の資格がローマ市民権所有者であったことが示すように、帝国の安全保障の担当者であったローマ市民には、別名を「血の税」と呼ばれた「税」ならば払っているとされ、それに代わる税と考えられていた直接税は課されない。だが、ここからはアテネとローマのちがうところなのだが、ローマ市民権所有者は、本国イタリア生れや属州出身のローマ人にかぎらない。属州生れでも、

補助兵として二十五年の兵役を終えればローマ市民権を与えられたし、医者や教師は、治療や教育に直接にたずさわった段階で、ローマ市民権を取得できたからである。また、政治上の理由（カエサルが被征服民の有力者層に大盤振舞したケース）や、個人的な理由（ヴェスパシアヌスがユダヤの歴史家ヨセフスに与えたケース）でローマ市民権を取得できた人も少なくなかった。ローマ法の保護下に入るという利点とともに直接税が免除されることも、ローマ市民権が保証した直接的な利益であったのだ。

それゆえに、直接税の大半は属州税で占められることになる。ローマ市民権をもたない属州民は帝国の安全保障を担当する義務を免れているのだから、安全保障の費用は負担せよ、というわけだ。それでこの属州税だが、利潤を産むとされる資産と人間に課される。税率は、収益の一〇パーセントと決まっていた。女と子供と老人は利潤を産まないとされ、課税対象からははずされていた。

だが、ローマ市民権所有者にのみ課される直接税も、存在したのである。初代皇帝アウグストゥスの創案になる、古代ではどこにもなかった相続税である。税率は五パーセント。ただし、六親等以内の家族親族は課税対象外とされ、毎年払わねばならない税金でもなかった。これ以外には、奴隷の身分を捨てる者に課される、奴隷解放税もあった。この税率は奴隷として売られる場合の値の五パーセント。この税について

は、第Ⅵ巻の二一一頁（文庫版第15巻一一九頁）で説明したとおりである。

(b)間接税

関税——ローマ帝国には、大別して二種あった。

　関税——アウグストゥス時代には各地方の経済力に応じて一・五から五パーセントまでの段階が認められていたが、帝政も百年を経たヴェスパシアヌスの時代ともなると地方別の経済力の格差も減少したらしく、五パーセントが帝国全域の関税率で定着したようである。ただし、エジプトの税関を通って入ってくる香料や絹や宝石のような東洋からの贅沢品《ぜいたくひん》には、アウグストゥス時代の二五パーセントの関税で変わらなかった。

売上げ税——日本の消費税に似ており、税率は一パーセント。ただし、主食である小麦は、皇帝ネロの時代から非課税になっていた。

税による歳入は、以上と思われる。

二、国家所有の金、銀、銅その他の鉱山からの収入

国営事業を可能なかぎり避けたローマ帝国なのに、鉱山だけは国有化していたのは、そこからあがる収益を重んじただけが理由ではない。帝国内に流通する通貨の額面価値と素材価値の合致を維持するのは、帝国政府の責務であったからである。

三、国有地を貸すことで得られる収入

ローマは、本国内にも属州にも、すべてを合わせれば文字どおり広大になる、「国有地《アジェル・プブリクス》」をもっていた。その多くは耕作地だったが、それを耕作者に貸していたのである。地主は国家で小作人は農民という関係だが、紀元前五九年に執政官時代のカエサルが成立させた「ユリウス農地法《レックス・ユリア・デ・アグラーリア》」によって、借地権は完璧《かんぺき》に保証されていた。借地権の世襲も、借地してから二十年が過ぎれば譲渡も認められていたから、小作人というよりも、生産施設を国から借りている自営業者という感じだ。借地料のほうは、一年の収穫の一〇パーセントであったようである。この率は、農耕でなく牧畜の場合でも同じだった。

ここまでが通常の歳入で、この他には臨時の歳入としては、次の二つが加わる。

(a)戦争に勝つことで得られる、戦利品の売却による収入。

(b)国家反逆罪で死刑や流刑《るけい》に処された人の、資産没収による収入。

しかし、この種の臨時収入を、ヴェスパシアヌスはあてにすることができなかった。帝国になって以後のローマは、征服よりも防衛が主目的になっていたし、ヴェスパシアヌス自らが、国家反逆罪によって元老院議員を告発することはしないと宣言してい

たからである。では、国家を運営する以上は避けて通れない、歳出のほうはどうであったのか。

あるときに宮沢喜一氏と同席したので、この経済の専門家に、年来の疑問をぶつけてみたのである。ローマ帝国に比べれば現代の先進国はいずれも税率が高いのですが、なぜでしょうか、と。宮沢氏の答えは、社会福祉費のせいでしょうね、というものだった。

では、古代のローマには、社会福祉のための歳出はなかったのであろうか。

歳出

一、軍事費

皇帝の責務の第一が、安全と食の保証であったことを忘れるわけにはいかない。そして、平和が維持されれば経済も活性化し、ゆえに安全の保証は食の保証にイコールしていくことも、ローマ帝国では誰にも異存はなかったのである。

ブリタニア制覇続行とユダヤに駐屯させる必要から二十八個軍団を維持しなければならなかったヴェスパシアヌス時代では、主戦力の軍団兵《レジョナリス》は十六万八千、補助戦力の

補助兵《アウジリアリス》もこれとほぼ同数になる。この兵士たちに国家は、住と食と武器武装の給付に加え、毎年給料を支払わねばならない。また、軍団兵には、二十年後の満期除隊時には退職金を支払うという、古代では珍しい制度も存在した。歴史家タキトゥスや哲学者セネカの言葉を待つまでもなく、「パクス・ロマーナ」(ローマによる平和)の維持にはお金《かね》がかかったのである。

二、公共事業費

それでも、広大なローマ帝国を囲む長い防衛線のすべてを三十万程度の兵力で守れたのは、大勢の兵士や重い兵器の敏速な移動を目的として敷設《ふせつ》された、ローマ式の街道網が完備していたからである。ローマ人は、橋すらも街道の延長と考えていた。石で完全舗装された街道を来て木製の橋を渡るなどという考えは、ローマ人には無縁だった。道路が舗装されていれば橋も舗装されていなければならない。それも、道路からそのまま進んでいける線上で舗装されていなければ用をなさなかった。また、街道網をより充分に機能させるために堤防や運河が必要となれば、それも街道ネットワークの一部だから工事は当然だった。前にあるのが海であろうと河川であろうと、港湾工事の必要もつきなかった。

これらのインフラストラクチャーの工事は、当初の目的が軍事であったこともあって、軍団兵たちが担当したのである。この実情が、軍事費と公共事業費の明確な区分を不可能にしていた。とはいえ、分離不可能でもよいのである。当時の高速道路網であったローマ街道網は、民間にも開放され、しかも使用料はタダであったのだから。

同じく国費でまかなわれる公共事業の一つは神殿の建造だが、多神教の民ゆえに神殿の数も多かったのである。それも、ユピテルやアポロやヴェヌス（ヴィーナス）のような神々だけでなく、「融和《コンコルディア》」や「信義《フィデス》」のような理念まで神にしてしまうのがローマ人であった。これらの神殿の工事は、英語のソサイエティの語源になるソチエタスと呼ばれた民間の企業に、入札を経て委託されるのが通例だった。これと同じ工事方式は、いずれも重要な公共事業であることでは同じの、上下水道、公衆浴場、競技場等の工事でも踏襲されている。平和のフォールムもコロッセウムも、民間企業への委託工事で建設されたのである。「Societas《ソチエタス》」の多くは、資本家は一人でなく、複数の資金提供者が相乗りするという、株式会社の初期といってもよい形式になっていた。

首都ローマでは、重要な公共建造物となればとくに、共和政末期に個人が私財を投じて建てさせたものが多かった。数例をあげるだけでも、ポンペイウス劇場、カエサルのフォールム、ユリウス会堂《バジリカ・ユリア》、ユリウス投票場《サエプタ・ユリア》になる。これらをはじめとする公共

建造物は個人の寄附だから、建造時には国費を使っていない。だが、いかなる建造物でも、完成後のメンテナンスは不可欠だ。公共事業費の少なくない部分が、街道や上下水道から公共建造物に至るまでの、修理修復に費やされたのである。

三、人件費

広大な帝国ともなれば、その運営には多くの人を必要とする。首都ローマが勤務地の執政官《コンスル》、法務官《プラエトル》、会計検査官《クワエストル》、按察官《エディリス》等の政府高官は無給だが、勤務地は首都でも事務官僚ならば有給。また、属州勤務となれば総督《プロコンスル》でも必要経費は認められ、総督の下で働く事務官僚は、当然のことながら有給だった。これらの人々への人件費は相当な額にのぼったにちがいないが、ローマ帝国は意外にも、あの広大な領域を統治していたにしては官僚王国とは化していない。多くのことを、徴税事務までもふくめて民間に委託していたからではないかと思う。首都ローマでさえも、官庁街のような一郭は存在しなかった。

四、祝祭費

これもまた多神教であったがゆえの現象だが、ローマ人には毎日曜を休む習慣はな

く、神々に捧《ささ》げられた祝日が休日になる。祝祭費がかさんだ理由は、神殿で挙行される祭儀への出費よりも、祭儀の後に行われるのが恒例になっていた、神に捧げるのが建前の各種の競技会のための出費がかさんだからである。ローマ人にとっての休日は、神殿で神に祈りを捧げた後に、その神とともに競技や闘技を愉《たの》しむものであったのだ。

五、社会福祉費

「小《レックス・フルメンターリア》麦法」によって、首都在住の市民には、毎月五モディウスの小麦の無料給付を受ける権利が認められていた。

この歴史は古く、紀元前二世紀にまで遡《さかのぼ》る。ヴェスパシアヌス帝の治世からすれば二百年もの間つづいてきた制度で、紀元前一二三年、護民官であったグラックス兄弟の弟のガイウスが成立させたのが「小麦法」のはじまりであったのだ。当初は、貧民には市価の六〇パーセントで主食である小麦を配給するという、いわゆる政治価格での給付だったが、これが政争の具と化した結果、紀元前一世紀からはついに無料給付となって定着する。帝政に入ってからの受給者総数は約二十万、この一人一人が一ヵ月に五モディウス(約三十キロ)の小麦を無料でもらうことができたのだった。

受給の資格は、首都在住のローマ市民権所有者。首都とかぎったのは、古今東西貧困者が流れこむのは、大都市と決まっていたからである。また、直接間接に皇帝への支持不支持を明らかにするのも、これら首都在住の「有権者」たちであった。「小麦法」は、有権者対策でもあったのだ。

女と十歳以下の子供は、受給資格者とは認められていなかった。こうなると、理論的には、元老院議員であろうと騎士階級に属す「ソチエタス」の社長であろうと、もらおうと思えばもらえたのである。

だが、「小麦法」の真の目的は、貧しい人々を飢えから救うことにある。とはいえ有権者対策でもあるから、対象を貧民層にかぎったのでは効力を失う。それでローマの当局は、妙案を考え出したのである。一ヵ月に五モディウスの小麦無料給付と祝祭日の催し物の無料入場券の受給を申請し、それが認められて発行される証明書(Tesserae Frumentariae)を得るには、受給者自らが出頭しなければならない、と決めたのであった。庶民や解放奴隷とともにマルス広場の長い行列に加わり、行列していれば知人友人に出会うという屈辱にも耐え、しかも長時間待ってようやく手にする時間上の無駄という、数々の無形のフィルターを設けたのである。この方法をとることで、ほんとうに福祉を必要とする人々だけが享受《きょうじゅ》できるようにしたのであった。

「パンとサーカス」

後世の人々がローマ人を非難する際にまずもち出されるのが、「パンとサーカス」(Panem et circenses) であることは知られている。ローマ人は食を国家から保証されていたので働く必要がなく、これも国家提供の闘技等の催し物を愉《たの》しみながら遊んで暮らしていた、というわけだ。

ではここに、親子五人の一家がいたとしよう。三人の子のうち上の二人は十歳を過ぎているが、その二人のうちの一人は女子、十歳に満たない末っ子は男子とする。この一家で「小麦法」によって保証された権利を享受できるのは、父親と長男の二人だけである。この二人への一ヵ月の配給量は十モディウス、約六十キロの小麦になる。どうやら給付は小麦粉ではなく、脱穀はしてあってもつぶのままの小麦であったようだが、一日当たりの給付量にすれば二キロになる。それでまず、粉にする費用がかかる。また、製粉した後のローマ人の小麦の料理法には大別して二つあり、第一は、パン焼き屋にもって行ってパンに焼いてもらうこと。第二は、野菜やチーズを入れて煮込んだポタージュで食べるやり方、であった。いずれの方法にしても、お金がかかる。

第一の場合はパン焼き屋への払い、第二の場合は、混ぜ込む材料を買う費用にプラス燃料代。これらの出費は計算に入れないとしても、小麦二キロを使った料理で一日に得られるカロリーは、四千キロカロリー前後であったろう。一家五人がこれだけで、生きていけたであろうか。

日本で行われている生活保護は、職に就いて収入を得はじめると打ち切られる。だが、古代ローマでは、職業をもっていても小麦の受給資格は失われない。一家五人で四千キロカロリーだけでは餓死しないというだけで、それ以外は保証していないからである。独身者でも、さしたる差異はない。一日に一キロの小麦はタダでも、共同住宅《インスラ》の一部屋でも借りていれば部屋代がかかる。また、衣料を買う必要もあるし、まずもって、小麦だけを食べていたのでは栄養不良になり、果ては病気になる。働いて収入を得る必要は、絶対にあったのだ。国家が与えた保証は、くり返すが、飢え死はさせない、の一事だけであったのだから。

「パンとサーカス」とは原語であるラテン語でも記したように、ローマ人自らが言った言葉である。だがこれは諷刺《ふうし》作家の誇張であって、そのような誇張を鵜呑《うの》みにしたのでは、歴史上の真実に迫ることができなくなる。それにこの「小麦法」が存在したことで、百万都市ローマでも餓死者と無縁でいられた事実は無視できない。また、類

似の社会福祉は、帝国の経済力の向上にともなって地方都市や属州にも普及していったので、あの広大なローマ帝国で飢餓が原因の集団死は、まったくと言ってよいくらいに起こらなかった事実は、特筆に値するのではないだろうか。これが、毎日のようにアフリカやアジアでの飢餓をテレビで見せられる現代からは、二千年も昔のことなのであった。

しかし、一人当たりならば餓死しない程度の給付にしろ、それが二十万ともなれば国庫の負担は重くなる。小麦一モディウスの市価は平均して十セステルティウスであったというが、「小麦法」の国庫への負担を市価で計算することはできない。それに小麦は、ネロ時代からは非課税だった。ゆえに、生産者価格にプラスされるのは、「ソチエタス」所有の船に積みこまれてオスティア港に荷揚げされるまでの輸送料である。これらをすべてプラスしても、一モディウスの値は六セステルティウス前後ではなかったかと思う。

二十万人に与えるに必要な一年分の小麦の総量は、一千二百万モディウス。これに要する費用が七千二百万セステルティウスとすれば、ローマ帝国の社会福祉費は、ローマ全軍の将兵に支払う給料の三分の一にもなったのである。餓死者を出さない政策

は、相当な出費を必要としたのだ。だが、それでも皇帝たちはつづけた。「小麦法」を享受できる人以外が必要とする小麦に対しても、供給量の確保と価格の安定には、港湾や倉庫の設備を充実させるなどして努力を怠っていない。ローマ皇帝の二大責務が安全と食の保証にあったからで、この二つのうち一つでも欠けようものなら、競技場でブーイングを浴びる程度ではすまず、悪くすれば殺されてしまうのであった。

しかし、現代の福祉制度を知っているわれわれの考える国家による社会福祉には、医療と教育も欠かせないのではなかろうか。

ところが、ローマ人はこの二つは、国家の責務とは考えていなかったのである。ただし、例外はあった。軍団基地ならばどこにも常設されていた、軍病院である。前線の軍団基地にはこれほども完備した病院をもっていながら、帝国の首都ローマには、当然あってよいはずの大病院がない。市民の歓心を買いたいならば、皇帝たちは競って大病院を建ててもよかったはずである。だが、皇帝たちが競って建てたのは、大は大でも浴場のほうであり、夏期でも豊富な水を供給するための水道のほうであった。そして、ローマ帝国時代の首都ローマを復元した地図の中で、病院と並んで存在しないもう一つの大規模な公共施設は、学校なのである。

教育と医療

古代のローマ人が、医療と教育に無関心であったのではない。ユリウス・カエサルは紀元前四五年にすでに、医療と教育にたずさわる医師と教師には、その人の出身地や民族や皮膚の色の如何《いかん》にかかわらず、ローマ市民権を与えるとした法を成立させている。ローマ市民権をもつことは、属州税という直接税を免除されることでもあった。カエサルの考えは、直接税は免除するから適正な報酬で医療ないし教育に従事せよ、ということにあったのだ。現代の日本に置き換えれば、出身国が日本であっても韓国であっても、アメリカであろうとドイツであろうとインドであろうと関係なし、日本の国籍を与え、しかも日本での所得税を免除するから、日本で医療ないし教育に従事されたし、となる。つまり、特典を与えることで知的職種の自由市場を生み出し、それによる競争原理を導入することで、水準の向上と費用面の適正化をはかったのである。それが、大規模な国立病院や公立学校はないが、小規模な治療所や私塾ならば無数にある、という結果につながった。治療には医術の神アスクレピオスに捧《ささ》げられた神殿に附属した治療所か、でなければ医師の私宅の一部が活用されたかもしれず、私

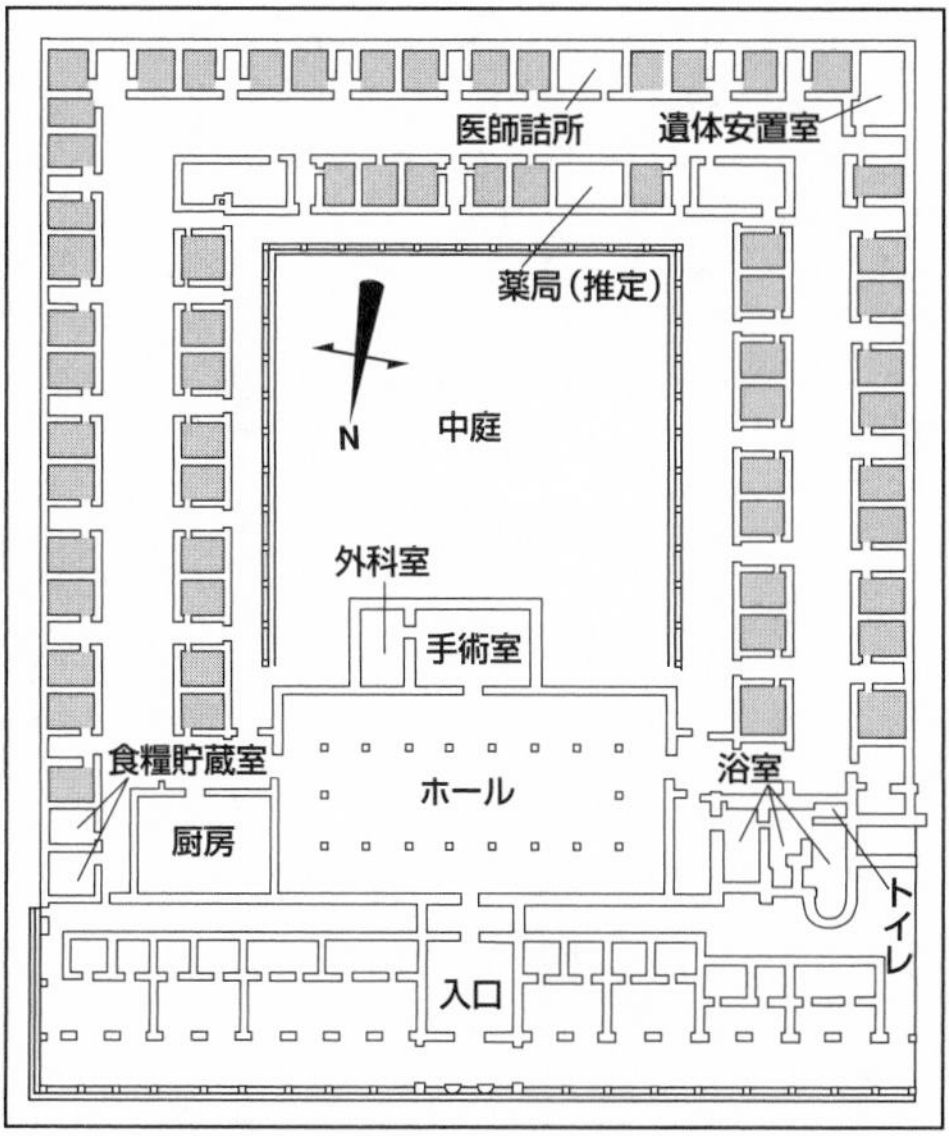

クサンテン軍団基地の軍病院平面図（▒は病室）

塾には、神殿やフォールムや会堂《バジリカ》の一角が提供されていたことは史実として遺《のこ》っている。カエサルのフォールムには、小中学生のものとおぼしき落書まで遺っている。

このカエサル方式は、ローマ帝国が存在した間機能しつづける。医療と教育を民活にゆだねることで一貫したこの方針が、ローマの社会福祉費が国家財政を圧迫するまでには至らなかった要因ではないかと思う。要するにローマ帝国は、国家がやらねばならないこと以外のすべては民間に委託するという方針で一貫したがゆえに、現代でいう「小さな政府」を現実化できたのではないか。

しかし、このやり方がローマ人の間で定着することができたのは、ローマ人自らの教育と医療に対する考え方が根底にあったからだろう。

ローマ人は、教育とは基本的に、意欲と資質と経済上の余力がある者が高めるべきものと考えていた。意欲と資質はあっても経済的余裕はない奴隷でも、主人の息子たちと一緒に家庭教師の教えを受ける機会はあった。また、ローマ社会では、受けた教育の高低がキャリアに影響を及ぼすことはなかったのである。歴代の皇帝にしてからが、当時では最高の教育の場として知られていた、アテネやロードス島の留学経験者ではない。ただし、これら歴代の皇帝たちは、帝国の首都ローマに国立の図書館を整備することには熱心だった。図書館は、それ自体ですでに研究所である。また、ローマの公式記録は元老院議事録までふくめて公開されていたので、それらが収められている「タブラリウム」、意訳すれば「公文書館」も、研究機関と言うこともできた。それに加えて、裕福な家庭は子弟の教育費を惜しまない。また、図書館でする研究や執筆と並行して町の子供たちに教えることもやれば、直接税免除という特典も享受《きょうじゅ》できた。人は、こうも環境が整えられれば自然に集まる。帝国の属州出身の有望な若者は、草木がなびくかの如《ごと》くローマを目指すという感じだった。そして彼らは、ロー

マの子供たちに教えることで、自分自身の生活費と学費を稼ぐこともできたのだった。

医療に関してのローマ人の考え方は、彼らの死生観に起因していたのではないかと思う。帝国という共同体の平和の維持のために負傷した者には、完璧《かんぺき》な治療が保証される。しかし、生命、日本で言う寿命、は甘受する。こうなると病気の治療への努力も、治る可能性があるかぎり、となりはしないか。ローマの皇帝のただ一人といえども、自らの延命に狂奔した人はいない。それどころか、社会的には高い地位にある高齢者が病に倒れ、もはや寿命と悟った場合に、それ以上の治療を拒否し、食を断ち、自死を選んだ例は少なくない。ローマ人は、自らの生命をいかなる手段に訴えても延長しようとする考えには無縁であったのだ。社会的にも知的にも高いローマ人になればなるほど、頭脳的にも精神的にも肉体的にも、消耗しつくした後でもなお生きのびるのを嫌ったのである。だからこそ、生命ある間を存分に生きる重要さを説いた、ストア哲学の教えが浸透したのではないかと思う。

それに、ギリシアの医学の祖ヒポクラテスの教えも生きつづけていた。病気になって治療するよりも、もともとからある身体の抵抗力を高めることのほうを重視した考

えである。ローマ皇帝たちが、大病院よりも大浴場や水道の建設に熱心であったのも、この考えの帰結かと思われる。

身体を清潔に保つ習慣は、免疫力《めんえきりょく》の向上につながる。食を保証するのは、体力を維持することで病気を遠ざける役に立つ。ヴェスパシアヌス時代のローマにあった公衆浴場としては、アウグストゥス時代にアグリッパが寄贈したものと、皇帝ネロの寄贈による二箇所があった。この二つに加え、ヴェスパシアヌスの後を継いで皇帝になるティトゥスも、コロッセウムを眼下に見る高台に、三つ目の大浴場を建設させる。

ローマ時代のそれは、浴場《テルマエ》とは呼ばれたが、入浴とマッサージ設備を中心に運動場、図書館、ゲームを愉しむ一角、庭園などのすべてが整っている、余暇善用を目的にした総合施設であった。身体を清潔にし、マッサージで血行を良くし、その後は好みに応じて、チェスに似た盤上ゲームを愉しもうとフィールドでの球技に熱中しようと、読書しようと散歩を愉しもうと、それは各人の自由というわけだ。ちなみに、医師に直接税免除の特典を与えたのはカエサルだが、ヴェスパシアヌスは同じ特典を、マッサージ師にも与えている。ローマ人は、マッサージをことのほか好んだからだが、マ

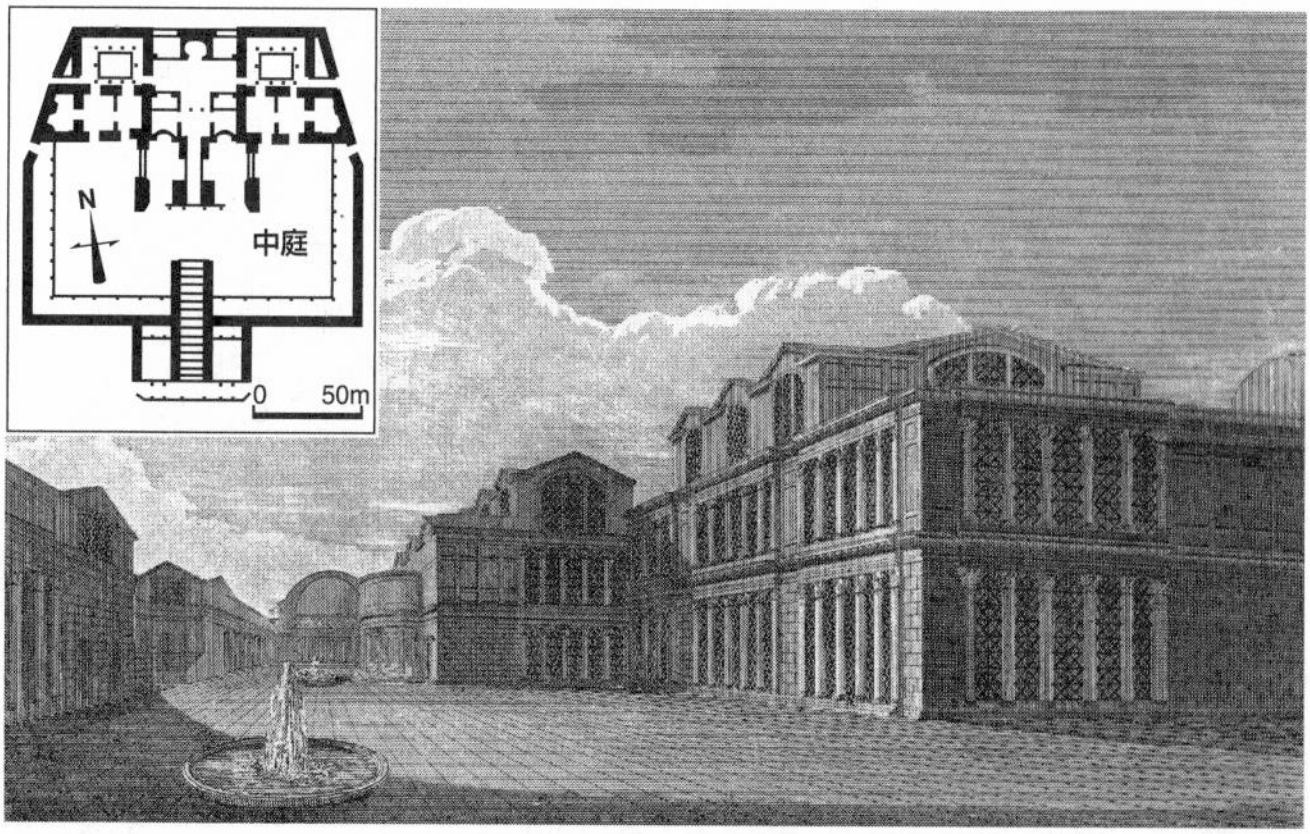

ティトゥスの公衆浴場（復元想像図、平面図）

ッサージの効用も重視したがゆえの待遇でもあった。入場時間のほうは、夜明けとともにはじめた仕事の終る午後二時頃から開き、日没には閉館するという時間制になっていた。

このローマ独特の「浴場《テルマエ》」の入場料だが、男は二分の一アッシス、女は一アッシス。女のほうが高いのは女である私にも不満だが、女の仕事が肉体労働ではないとされていたからだろう。子供は無料だった。無料組には、兵士、そして公職に就いている解放奴隷や奴隷も入る。ちなみに、このたぐいの「浴場」は、元老院議員から奴隷に至るまでのすべての人に開かれていた。また、特別な祝い事のある日には、全員が無料になった。

それにしても、二分の一アッシスとは、パン一個と葡萄酒《ぶどうしゅ》一杯の値と同じである。この程度の入場料で、温・熱・冷と三種類ある浴室を機能させるだけでなく、その他の諸設備までそなえた広大で華麗な浴場《テルマエ》を運営していくのは無理な話だ。公営でなければやっていけなかった。余暇の善用にプラス衛生水準の確保という目的があったからこそ、公費の支出でも継続されたのにちがいない。このローマ式の大公衆浴場は、ローマ帝国内ならばどこにでもあった。本国イタリアでは中小都市の一つにすぎなかったポンペイでも、病院の遺跡はなくても浴場の遺跡ならばある。帝国最北の辺境になるイギリスのハドリアヌス帝時代の城壁ぎわに遺る浴場の遺跡を見たときは、思わず笑ってしまった。せせらぎのほとりにあって、まるで日本の温泉場のようであったからだ。ただし、造りとなるとあくまでもローマ式に、頑丈な建築法で論理的な構成にはなっていたけれど。

ここまでに述べてきたことが、言ってみればローマ帝国の年次予算である。予算には、その国の人々の考え方が反映しないではすまない。ローマ帝国の「予算」も、ローマ人の考えを反映している。ローマ人の考え方の反映でもあるこれらの歳出をけず

ることは、ローマ人の生き方そのものを否定することにもつながる以上、不可能なことであった。

しかし、既存の税の税率を上げようものなら、社会不安のたねになること必定ゆえにそれもできない。悪帝とされているカリグラやネロでも、そこまでは怖《おそ》ろしくて手をつけなかった。とはいえ、ガリア帝国騒動で溶解寸前になったライン河防衛線の再建からブリタニア制覇行、直轄《ちょっかつ》の統治を布《し》かねばならなくなったユダヤへの一個軍団常駐と、歳出を迫られている部門は多かった。何らかの方法で、税の増収は必要不可欠であったのだ。

では、後世が最適の国税庁長官と評すようになるヴェスパシアヌスは、この難問をどのようにして解決したのであろうか。

財源を求めて

ヴェスパシアヌスは、健全な常識の持主であった。常識人ならば、財政再建を迫られた場合にまずやることは、現状の正確な把握である。紀元七三年、ヴェスパシアヌスと息子のティトゥスは、財務官《ケンソル》に就任する。現皇帝と次期皇帝の二人がともに、帝

国全域で実施される国勢調査《チェンスス》の陣頭指揮に立ったのだ。
帝国の全域にわたって実施される国勢調査は、帝政になってからの一世紀の間に、ヴェスパシアヌス治下のそれをふくめて三度実施されたことになる。
紀元一四年――アウグストゥス帝と帝位継承者のティベリウス、一年半が任期の財務官《ケンソル》に就任。
紀元四七年――クラウディウス帝と、帝のこよなき協力者であったルキウス・ヴィテリウス、財務官に就任。
紀元七三年――ヴェスパシアヌス帝と、帝位継承者のティトゥス、ともに財務官に就く。

古代ではローマ人だけが国勢調査を考え実施した民族だが、それは、この種の調査のそもそもの目的が、兵役に駆り出せる年齢の成年男子数を、つまり十七歳から四十五歳までのローマ市民権所有者の数を、正確に知る必要にあったからである。それが帝政に入って以後は、属州までもふくめた帝国の全域に住む人々が、どの程度の生産手段をもっているかを知るための調査に変わっていった。ゆえにローマ帝国の行う「国勢調査」は、現代でも実施されている国勢調査というよりも、現代ならば毎年行

われている、税金の確定申告の色合いのほうが濃かったのである。税の実務を私営業者に請負わせることが可能であったのも、この人々に課されていたのが、税金の査定ではなく徴収のみであったからだ。この確定申告に似た国勢調査も、毎年でなく三十年も間を置いて実施されていたのは、実施の業務自体が大変な労をともなったという理由に加え、当時ではインフレーションも存在しなかったことが示すように、経済状態の推移も大変にゆるやかな時代であったからだろう。

とはいえ、ヴェスパシアヌスの意図が国勢調査を実施することでの事実上の増収にあったのはもちろんである。前回の調査からでも、二十六年が過ぎていた。この二十六年は、一年を除けば経済の活性化に有利な平和がつづいていた。その間に経済力が向上したとは、常識で考えればわかることであったのだ。

ヴェスパシアヌスのもう一つの増収策は、私がローマの歳入の第三にあげた、国有地の借地料収入を見直すというやり方で実施された。

紀元前五九年にカエサルが成立させた「ユリウス《レックス・ユリア・》農地法《デ・アグラーリア》」によれば、国有地の借地には広さの上で限界が設けられていた。この法の目的が、中小の自作農の振興にあったからである。

戸主には五百ユゲルム（百二十五ヘクタール）。この他に息子の名義で、息子一人

につき二百五十ユゲルム。ただし、一家全体の借地は、一千ユゲルムを越えることは認めない。

　こうなると、国有の耕地の区分けの最小単位は、二百五十ユゲルム（六十二・五ヘクタール）になる。また、満期除隊兵に与えられた退職金としての土地も、下限は二百ユゲルムであったらしい。それで、国有地の借地ないし供与の最小単位が五十ヘクタールであったとすれば、これより狭い土地は借用ないし供与の対象にはならなかったことになる。

　しかし、土地は何も、この分割法に適した形で存在するわけではない。各所に「切れっ端」が散在していたにちがいない。そして、二百ユゲルムに満たないこれらの土地は、それと境を接する土地を借りている人間が耕作の手をのばすことで、事実上の借用地になっていたのだった。とはいえ、借地には入っていないのだから、国家への借地料支払いの義務はない。この状態で、百三十年が過ぎていたのである。

　ヴェスパシアヌスがやったのは、この「端切《はぎ》れ農地」もいちいち厳密に計量し、それにも借地料の支払いを課したことであった。これだけでも、相当な増収につながったという。

皇帝ヴェスパシアヌスの歳入増加への熱意の最後は、これこそゴシップ好きのローマ人から何にも増して標的にされた一事だが、それは、「Vectigal urinae《ヴェクティガル・ウリナエ》」と呼ばれた税で、直訳すれば「小便税」とするしかない新税である。

衛生意識の高かったローマ人は、下水道の整備に熱心だったが、町の要所に公衆便所を設置することにも熱心だった。ただし、ヴェスパシアヌス考案の「小便税」は、公衆便所の使用者に課されたのではない。公衆便所に溜《た》まる小便を集めてきて、羊毛にふくまれている油分を抜くのに使っている繊維業者に課されたのだ。それを使用することで利潤を産む、というのが理由であった。

これにはさすがに、息子のティトゥスが異議を唱えた。父《とう》さん、そこまでしなくても、というわけである。ヴェスパシアヌスは息子の鼻先に一つかみの銀貨をつきつけて、臭《にお》いがするかい、と聞いた。ティトゥスは、しない、と答える。皇帝は言った。

「しないかい、でもこれは、小便税《ヴェクティガル・ウリナエ》による税収分なんだが」

現代でもヨーロッパでは、ヴェスパシアヌスの各国語読みが、その国の公衆便所の通称になっている。イタリアでヴェスパシアーノと言えば、ローマ皇帝ではなくて公衆便所であるのが普通だ。

死

紀元七九年六月二十四日、皇帝ヴェスパシアヌスは死んだ。はじめての病に郷里の温泉に行って療養をしてみたのだが、それも効果ないがままに、皇帝なのだから立って死ななくては、と言って起《た》ち上がろうとしたのを最後にこと切れたのである。享年《きょうねん》、七十歳。皇帝としての十年が過ぎた後の死であった。

だが、このユーモラスな武人出の皇帝は、帝国の再建者としての仕事をすべて終えて死んだのである。手はつけたがやり終えるまでには至っていない事柄は、はじめは長男のティトゥス、その後は次男のドミティアヌスが、皇位に就いて継承してくれると確信していたので、安らかな死であったろう。

ローマ帝国が発行する金銀銅の通貨は、額面価値と素材価値を合致させることで経済の健全な活性化を実現するうえでの基軸通貨の役割を果していたが、同時に、皇帝の統治の業績を帝国全域の人々に知らせるプロパガンダの手段としても活用されていた。表面には皇帝の横顔が、裏面にはその業績を象徴する図柄が彫られるのが普通だ

が、略字化された文面が彫られるのも常であったのだ。ヴェスパシアヌス帝時代に発行された通貨に彫られた文面を拾えば次のようになる。

「皇帝による平和の再復」

「ヴェスパシアヌスとその息子たちによる、永続する平和の確立」

「軍隊の国家への忠誠の再復」

「ヴェスパシアヌス、市民の自由の保護者」

「皇帝による、公正な統治」

「ローマ市民であることの幸運」

「ローマ市民よ永遠なれ！」

ヴェスパシアヌスは、皇位に就くにあたって公約した、平和と秩序の再復とその維持を実現したのである。それも、既成の支配階級の外に生れた身で成し遂げたのであった。このヴェスパシアヌスが死んだとき、帝国の最高権力者である皇帝が、本国では第二階級である「騎士階級《エクイタス》」出身であったことに拒絶反応を起こす人は、元老院階級内にもいなくなっていた。死後のヴェスパシアヌスは、死の床で言った、かわいそうなオレ、神になりつつあるようだよ、の〝心配〟どおりに神格化されたが、ローマ帝国では神になることさえも、実績に基づいていたのだから面白い。

そして、息子ティトゥスの皇位継承は、何一つ障害なく実現した。「皇帝法」によって、あらかじめ定めてあったという理由もある。だが、父親の治世のほとんどを、共同統治者として果してきた実績が認められていたことも無視できない。また、ローマ人が、宗教上の問題としてではなく属州民の反乱として処理したユダヤ戦役の解決当事者であったことも、ティトゥスのもっていた有利なカードだった。ローマ人の歴史をたどるうえで忘れてならないのは、帝国の安全保障の最高責任者は皇帝であるという一事である。そのローマの皇帝《インペラトール》に、軍事面での知識、能力、業績が常に問われるのも、ラテン語の「インペラトール」の意味からして当然であったのだった。

p. 204上　　作画：峰村勝子
p. 204下　　サン・ドニ(フランス)
© FORESTIER YVES/CORBIS SYGMA
p. 226　　p.140に同じ

地図作製：綜合精図研究所(p.37、p.47、p.109、p.114、p.129、p.165、p.222、p.226)

図版出典一覧

カバー	大英博物館(ロンドン／イギリス) © The Trustee of the British Museum
p. 10	カバーに同じ
p. 15	「タブーラ・ペウティンゲリアーナ」(一部) 撮影：Giorgio Benni
p. 131	作画：峰村勝子
p. 140	Luigi Canina, "Vedute dei principali monumenti di Roma antica," Sugarco Edizioni, 1990より
p. 141	フォロ・ロマーノ(ローマ／イタリア) © Erich Lessing/PPS
p. 145	カピトリーノ美術館(ローマ／イタリア) © Archivi Alinari, Firenze
p. 163	個人蔵 © B. Wilson/Ancient Art & Architecture Collection
p. 173	カピトリーノ美術館 © Stampa Fotografica Vasari, Roma
p. 183上	ナポリ考古学博物館(ナポリ／イタリア) 撮影：桜井紳二
p. 183下	ボルゲーゼ美術館(ローマ／イタリア) 撮影：桜井紳二
p. 197	ヴァティカン美術館(ヴァティカン) © Scala, Florence
p. 200	ローマ文明博物館(ローマ／イタリア) © Scala, Florence
p. 201	© Hugh Rooney; Eye Ubiquitous/CORBIS
p. 202右	撮影：桜井紳二
p. 202左	エウル(ローマ／イタリア) © akg-images/Bildarchiv Monheim

新潮文庫最新刊

石田衣良著
夜の桃
少女のような女との出会いが、底知れぬ恋の始まりだった。禁断の関係ゆえに深まる性愛を究極まで描き切った衝撃の恋愛官能小説。

筒井康隆著
ダンシング・ヴァニティ
コピー&ペーストで執拗に反復され、奇妙に捩れていく記述が奏でる錯乱の世界。文壇の巨匠が切り開いた前人未到の超絶文学！

いしいしんじ著
雪屋のロッスさん
調律師、大泥棒、風呂屋、象使い、棟梁、サラリーマン、雪屋……。仕事の数だけお話がある。世界のふしぎがつまった小さな物語集。

高杉　良著
大脱走《スピンアウト》
会社から仕事を奪い返せ——一流企業を捨てて起業を目指す会社員たちの決意と苦闘。IT産業黎明期の躍動感を描き切った実名小説。

新堂冬樹著
不倫純愛
人気作家の美人秘書の若き肉体に溺れてしまった担当編集者。泥沼の情愛の果てに待ち受けるのは……。黒新堂が描く究極の官能物語。

西加奈子著
窓の魚
私たちは堕ちていった。裸の体で、秘密の心を抱えて——男女4人が過ごす温泉宿での一夜と、ひとりの死。恋愛小説の新たな臨界点。

新潮文庫最新刊

谷村志穂著
雪になる
抱きしめてほしい。この街は、寒すぎるから――。『海猫』『余命』で絶賛を浴びた著者が描く、切なくて甘美な六色の恋愛模様。

平野啓一郎著
日蝕・一月物語
芥川賞受賞
崩れゆく中世世界を貫く異界の光。著者23歳の衝撃処女作と、青年詩人と運命の女の聖悲劇。文学の新時代を拓いた2編を一冊に！

中村文則著
遮光
野間文芸新人賞受賞
黒ビニールに包まれた謎の瓶。私は「恋人」と片時も離れたくはなかった。純愛か、狂気か？　芥川賞・大江賞受賞作家の衝撃の物語。

長野まゆみ著
カルトローレ
空から沈んだ《船》で発見された、謎の航海日誌「カルトローレ」と漂泊する旅人たち。豊かな想像力で構築する壮大で数奇な物語。

原　武史著
「鉄学」概論
―車窓から眺める日本近現代史―
天皇のお召列車による行幸、私鉄沿線に生れた団地群、政治運動の場になった駅という空間――鉄道を通して時代を眺めた全八章。

松本健一著
畏るべき昭和天皇
北一輝との関係、「あっ、そう」に込められた意味、三島由紀夫への思いなど。ベールに包まれた天皇の素顔が明かされる。

ローマ人《じん》の物語《ものがたり》22

危《き》機《き》と克《こく》服《ふく》[中]

新潮文庫　し-12-72

平成十七年十月一日発行
平成二十三年一月十五日七刷

著者　塩《しお》野《の》七《なな》生《み》
発行者　佐藤隆信
発行所　株式会社新潮社
郵便番号　一六二—八七一一
東京都新宿区矢来町七一
電話　編集部(〇三)三二六六—五六一一
　　　読者係(〇三)三二六六—五一一一
http://www.shinchosha.co.jp

印刷・錦明印刷株式会社　製本・錦明印刷株式会社

ISBN978-4-10-118172-1 C0122